给成长加点甜

给青少年的心理自助图书

[英] 亚历克斯·乔治（Alex George）著

攸佳宁工作室 译

SPM 南方传媒
全国优秀出版社
全国百佳图书出版单位
广东教育出版社
·广 州·

Simplified Chinese rights arranged through CA-LINK International LLC
简体中文版权由凯琳国际文化版权代理（rights@ca-link.com）

著作权合同登记号：图字19-2024-006号

图书在版编目（CIP）数据

给成长加点甜/（英）亚历克斯·乔治（Alex George）著；攸佳宁
工作室译 . —广州：广东教育出版社，2024.4
ISBN 978-7-5548-5951-3

Ⅰ.①给… Ⅱ.①亚… ②攸… Ⅲ.①青少年—心理健康—健康教
育 Ⅳ.① G444

中国国家版本馆 CIP 数据核字（2024）第 061922 号

给 成 长 加 点 甜
GEI CHENGZHANG JIA DIAN TIAN

出 版 人：朱文清
策划编辑：卞晓琰 周 莉
责任编辑：周 晶 冯玉婷
责任技编：杨启承
责任校对：林晓珊
出版发行：广东教育出版社
　　　　　（广州市环市东路472号12—15楼　邮政编码：510075）
销售热线：020-87614229
网　　址：http://www.gjs.cn
E-mail：gjs-quality@nfcb.com.cn
经　　销：广东新华发行集团股份有限公司
印　　刷：佛山市迎高彩印有限公司
　　　　　（佛山市顺德区陈村镇广隆工业区兴业七路9号）
规　　格：890 mm×1240 mm　1/32
印　　张：7.25
字　　数：145千
版　　次：2024年4月第1版
　　　　　2024年4月第1次印刷
定　　价：39.80元

译者序

　　青春期是人生中最丰富多彩的阶段，也是最充满挑战的时期。在这个阶段，我们的学习压力更大了，我们对人际关系更敏感了，也对自己的人生有了更多的思考。正是因为这些思考，我们会面临许多困惑、焦虑和压力，甚至有时会感到孤独和忧郁，这些都是非常正常的情绪体验。

　　还记得我在青春期时，有段时间莫名地叛逆，父母说什么都想反驳，都想对着干，就好像一个随时会爆炸的火药桶；有时候跟好朋友闹矛盾了会耿耿于怀好多天，既不愿主动去和好，也无法开始新的关系；还有，在比赛中落选或者没有取得理想成绩时，我也会很失落甚至嫉妒那些优秀的同学……不过，总的来说，我是幸运的，这些成长之路上的烦恼并没有成为真正阻挡我的障碍，我的青春期仍不失为一段甜蜜的回忆。

是什么让我免于掉入负面情绪的漩涡中，成为负面情绪的俘虏呢？我想，是爱自己。当我伤心、焦虑、烦躁时，我没有沉溺于这些负面情绪（顶多给自己放几天假），没有自怨自艾，没有自暴自弃，没有让它们伤害到我。我知道自己首先要健康，才能应对各种挑战。

我最常用的、觉得最有效的应对负面情绪的方法，你肯定想不到——就是睡觉！作业特别多，不想做，先睡一会儿；马上要考试了，还有好多知识点没复习，但是一拿起书就好困，不管了，先睡一会儿；要竞选学生会主席，演讲稿不知从何写起，先睡一会儿再说。我那时不知道，原来睡眠不仅能让我们恢复精力，还能帮助我们调节情绪，甚至成为潜意识

发挥作用、思考问题的舞台。这个方法我一直沿用到现在！

现在，我成了一名心理学家，一名关注青少年成长的心理学家。我发现很多处于青春期的孩子在用伤害自己的方式对抗压力和负面情绪。比如，一些人通过暴饮暴食来缓解情绪，一些人通过孤立自己来避免伤害，一些人通过沉迷网络来逃避问题，还有一些人通过自残自伤来释放压力。这样做无法解决任何问题，只会让自己伤痕累累。

所以，我希望你从今天开始爱自己。爱自己是成长的第一步，只有当你真正珍视和照顾自己，才能拥有足够的能量去面对生活中的种种挑战。你也许不知道该如何去做，而这正是我把这本书带到你面前的原因。这本书的作者亚历克斯·乔治博士，是由英国首相任命的青少年心理健康大使，致力于让心理健康教育成为学校的必修课程（这也是我的愿望！）。这是一本积极、易懂、实用的工具书，教你如何用最简单的方式建立良好的生活习惯，掌握应对负面情绪的法宝。这里面的每一种方法都经过了科学研究的检验，我希望你能选择适合自己的方法尝试一下。其实，这个尝试的过程，这个应对负面情绪和挑战的过程，也是你认识自己、探索自身价值观和目标、找到自己的真正定位的过程，而这正是青春期的意义所在。

希望你在阅读这本书的过程中找到共鸣和受到启发，感受到真挚的关怀和支持；也希望你能好好品味这充满酸甜苦辣的青春期，未来在回忆这段宝贵岁月的时候，至少能说一句：成长还是有点甜的！

最后，感谢我的学生，也是我的翻译团队成员：黄子禧、詹诗婷、林洁妮，还有我的编辑老师冯玉婷女士，她们在这本书的翻译和出版中做出了巨大贡献，和她们一起共事感觉很甜！

由于水平有限，翻译难免有一些瑕疵，恳请读者们海涵并批评指正，谢谢大家！

攸佳宁

2024年1月19日于广州

你好，我叫亚历克斯·乔治，是一名医生，也是一名青少年心理健康大使。我有一个愿望——希望所有阅读这本书的人都能以积极的方式思考和谈论心理健康。让我们一扫阴霾，像关注自己的身体健康一样关注我们的心理健康。

在这本书中，我为你准备了一个由生活指南和实用技巧组成的工具箱，帮助你关注自己的心理健康。主要内容包括在大脑需要休息时进行正念练习，当情绪低落时去"跺跺脚"，以及在需要积极地转移思绪时释放你的创造力。

无论你面对的是同伴压力、焦虑情绪还是学业挑战，这本书都能帮助你满怀信心地展望未来。因为无论如何，美好的一天总会到来的。

目录

引言　1

第一章　开启心理健康奇妙之旅　19

1　拉动操纵杆，启程!　20

2　打开心灵沟通之门　31

第二章　心灵之旅的藏宝图　45

3　焦虑拜拜，快乐回来　46

4　给压力做个SPA　66

5　照亮忧郁的灯塔　77

6　解锁孤独的心门　85

7　失去并不可怕　94

8　家人朋友：出色的"救生圈"　105

9　爱自己，从爱自己的身体开始　114

10 我们和食物的关系   124

11 "我是谁"   130

12 亲密关系的秘密   136

13 社交媒体的正确使用指南   146

第三章 迎接更美好的一天   157

14 无惧失败，重新扬帆起航   158

15 激发你的创造力   171

16 让自己发光发热   181

结语 197

自助指南 207

致谢 219

引言

我的秘密超能力！

我叫亚历克斯，昵称"压力忧思"，是个忧心大王，至少从我上学时就是这样了。每一天，从醒来的那一刻起，我总因某些事感到烦躁不安。夜晚，我的脑海中仿佛有一个专门酝酿坏情绪的区域，让我彻夜难眠。

学校生活最令我忧心。特别是，我认为所有老师都暗地里讨厌我。无论是数学还是英语，或是科学、地理、历史，甚至是体育，我都给自己打上了一个标签——"没人想教的学生"。

但其实我的表现并不差。事实上，我非常努力。只是当时的我还不知道，自己存在阅读障碍。阅读障碍意味着我在阅读和写作方面很吃力，这加深了我的忧虑。阅读障碍打击了我的自信心，让我误以为自己没有其他同学聪明。我担心老师们会认为我在偷懒，但实际上，这是由于我的大脑在理解文字拼写时，思考方式略有不同。尽管没有一个老师表现出对我的讨厌，我还是认为老师们都觉得我是故意犯错的。

我想象着每一天，会从老师在教室前大喊我的名字开始。"亚历克斯·乔治！谁允许你往窗外看的？总是这样！我受够了！如果你在我的课上都不能专心听讲，那你这辈子也注定会失败！出去，永远别回来！"

你一定在想，这是不是太夸张了？但我已经告诉你了，我是个世界级的忧心大王。

只有我一个人这样吗？

让我更难过的是，我认定别人不会像我这样焦虑。我的朋友们似乎从不担心老师会偷偷把他们的名字列在"再也不想见到的学生"名单上。如果有人因为在课堂上说话或答错问题被批评，他们并不会表现得好像整个学期被毁了一样。他们只是耸了耸肩，继续上课。似乎只有我一个人认为，我必须做到最好，才能避免老师对我发火。久而久之，我感到很痛苦。我的烦恼像生活的背景音一样嗡嗡作响。我发现自己根本无法摆脱这些烦恼。

我从未让父母知道我在想什么。我很擅长瞒着他们，假装一切都很好。但这并没有减轻那如影子一样紧跟而来的焦虑感，反而让我觉得自己失去了帮助和支持，让我夜不能寐，总担心第二天将要发生什么。只有我一个人认为，老师们背地里都是"亚历克斯真糟糕俱乐部"的一员，而我只能忍受这一切。这样也好，只要我不出差错，他们就会继续假装喜欢我。

最糟糕的时刻！

"今天就讲到这里吧，同学们。"我的化学老师说道，"离开教室时，请把你们的作业交到我桌上。"这一天我最担心的事情终于发生了。

我清楚地听到了老师的要求，但我没有像其他人那样伸手去拿书包，而是忘记了眨眼和呼吸。家庭作业？我惊慌失措地回忆着。我已经记下要做了，但我以为是这周晚些时候交。

　　"我还没开始做呢！"当大家从桌前站起来时，我向一位朋友坦白。"那我可没办法。"我的朋友只是耸耸肩，好像这和他没关系。老实说，他按时完成了作业，的确没有什么好担心的。不像我，那一刻，我感觉整个世界都停止了转动。

　　没有作业可交，我做好了心理准备——要有大麻烦了，老师一定会大发雷霆的。我一边想着，一边吓出了一身冷汗。我会被留校察看，要是老师今天心情不好，说不定我还会被学校开除！那我就永远无法参加考试了，这意味着我上医学院和当医生的梦想将会破灭。更糟的是，我的父母可能会对我大失所望，我因此不得不离开家。由于这一个小小的错误，我深信自己此生注定是一个彻头彻尾的失败者。

　　当我收拾好东西，准备向老师坦白一切时，我感觉自己的前途一片黑暗。如果那时我脚下的土地裂

开，把我整个吞没，兴许会是更好的情况。

"你在想什么呢，亚历克斯？"老师正在收拾东西，准备上他的下一堂课。当我走近他的桌子时，他几乎没看我一眼。我感到胃里打了个结。

"嗯……事情是这样的……"当我试图找借口时，胃里的结开始收紧。我停顿了一下，感觉头晕、恶心。这时他抬起头，我已经没有时间找借口了。"我还没做作业！"我脱口而出，胃里的疙瘩就像断了一样。"对不起，我的确忘了。"

老师点了点头，然后收起了同学们刚刚交上来的作业。他问："明天能交给我吗？"

过了一会儿，我的大脑才反应过来，他并没有命令我消失在荒野中，让我反思在接下来的二十年里到底哪里做错了。他刚刚只是稍微延长了我的作业期限。

"嗯……好的，"我说道，对他的反应感到震惊。"我能做到。"

"很好。"他微笑着转身走向门口。"希望你今天过得愉快，亚历克斯。"

"您也是，老师！"我朝他的背影喊道，但他已经走远了。

是时候改变了 好耶

那一刻永远留在我的心里。事实上，那一刻成了我人生的转折点。在那之前，担忧一直控制着我。我成了一个自寻烦恼的高手，哪怕没有什么可担忧的。对我来说，当化学老师不在意我忘记做作业并给了我一个弥补的机会时，一切都改变了。在不知不觉中，他让我明白，我毫无依据地凭空地把一个小问题无限放大。

在回家的路上，当我反思了自己的情况，我意识到自己擅于用各种不切实际的恐惧来助长忧虑。没有人因迟交一次作业而被开除过，没有任何证据表明事情会往更糟的方向发展。同样地，如果我仔细想想，也没有任何老师曾表现出不喜欢我。我表现良好、乐于助人、彬彬有礼，至少大多数时候是这样。和大多数同龄人一样，我也可能有点健忘，就比如我会忘记按时做作业。但这并不意味着我是个坏孩子，也不意味着我注定被所有人讨厌而孤独地度过余生。我只需要在当天晚上完成化学选择题，一切就会好起来的。

所以那天晚上，完成作业后，我和自己达成了一个协议：过度担忧已经控制我的生活够久了，是时候做出改变了。我知道，我不会就这样停止担忧。事实

上，我认为适当的担忧是健康的。这表示我对他人很敏感，而且希望做正确的事情，这并没有什么不对。

不是所有超级英雄都把内裤穿在外面

认识自己并决心做出改变只是一小步，但这足以让我的生活态度发生质的改变。我还是会为一些事情感到忧虑，但这也很正常。比起让担忧控制自己，我开始利用担忧为自己谋福利。

通过调整自己的感受，学会倾诉自己的心事，担忧有时变成了我的个人超能力。虽然，我的超能力并不能让我成为一个身披斗篷、内裤外穿的超级英雄，但它对我而言很特别。

简单来说，我有能力把消极想法转化为积极想法。就像所有新手超级英雄一样，我花了一段时间才学会控制自己的能力，没有让小小的担忧演变成重大危机。不过，通过练习，我学会了当我的忧虑开始刺痛我的神经时，就利用这个机会及时把事情做好。

作为一个普通而敏感的孩子，这种心态的转变改变了我的命运。比如，考试如同我的头号敌人，当它逐渐逼近时，我最应该做的事情就是深呼吸，坐下来复习要考试的科目，而不是感到不知所措，或为了逃避复习功课而分散注意力。这样并不会让我的烦恼消失，只会让它们变得更多。通过积极行动来战胜担忧，我发现好事就有可能发生，这对我的求学生涯大有裨益。当我进入高年级时，我不仅能制订复习计划，劳逸结合，让自己学得更好，而且当我在考场上翻阅试卷时，还能感到自己已经做好了充分的准备，内心十分平静。

这并不是一朝一夕就能做到的事。我花了很长时间才学会与担忧和平共处。首先，我必须了解它的成因。我意识到，我之所以会时常感到忧虑，归根结底是因为我害怕让人失望。我从不喜欢让别人失望，不知为何，这成了我心中的一头怪兽。这头怪兽变得如此失控，以至于我尽一切努力

想要做到完美，但这既不现实也让人疲惫。我意
识到，虽然我无法控制别人对我的看法，但我可以控
制自己的感受，此时担忧就变得容易处理了。我没有
试图把它消灭掉，而是试着将消极的想法转化为积极
的可能。

　　每当我开始焦虑不安时，这种认识就会帮我戳破
担忧的气球，让我意识到：只要我尽最大努力做好准
备，无论面对什么挑战，哪怕是最坏的情况发生了，

"最坏的情况会
是怎样的呢？"我总
是这样问自己。

我也能应对自如。这给了我全力以赴的信心。无论我是参加考试，结识新朋友，还是和朋友们一起踢足球（尽管我是人类历史上最没有天赋的球员），我都可以昂首挺胸，勇往直前。

我的秘密超能力鼓励我走出了舒适区。当我身处一个陌生的环境，并且有可能在首次尝试新事物中遭受失败时，我应该迎难而上，并在这个过程中了解自己。我就是这样一步一步实现了梦想——成为一名医生，也是这样参加了世界闻名的电视真人秀节目——《爱情岛》。

有时，我还是会有烦恼，毕竟，没有哪个人的生活是完全平静和幸福的。回顾我的校园时光，我发现很多人都和我一样。事实上，每个人在某种程度上都会感到忧虑，无论是交友还是与人相处的压力，无论是担心未来还是忙于解决眼前发生在家庭和学校的问题，都会诱发忧虑。有些人还会在其他情绪中挣扎，这些情绪会让人感到难以承受。

 伤心  生气

孤独　　　　　沮丧

　　当我开始与其他人交流，相互分享经历时，我才意识到这些情绪人人都有，我并不孤单。

　　我喜欢把人生看作一段旅程，因为每个人都会经历顺境和逆境，走过弯路和错路。但我们总有办法让事情朝着正确的方向发展，要看到积极的一面，乐观地展望未来。在遇到障碍后，我经常对自己说一个简单的词——前进。因为无论现在感觉多么糟糕，总有希望迎来美好的一天。

让我们点亮生活

　　这是一本有关心理健康的书，谈论的是帮助我们认识自己和周围的人的思想、情感和行动。人们很容易把不健康的心理看作问题，或者是需要"治愈"的症状。我希望我们能换一种角度思考。心理健康不仅关系到那些愁眉苦脸、头顶乌云密布的人，也关系到我们每个人，可以让人感到快乐、放松，能够更好地应对生活抛给我们的挑战。心理健康的含义非常丰富，通过学会与内心沟通，我们可以把内心的想法变成一股向好的力量。

我并不享受与担忧等负面情绪的早期接触，但有了正确的理解和工具，我能学会如何管理它们，甚至利用它们来为自己谋利。例如，当我意识到自己在阅读和写作方面遇到的挑战其实是学习困难造成的，这种困难被称为"读写障碍"后，我积极寻求帮助，后来得到了各种建议、帮助和支持，这让我的生活变得更加轻松。我不再独自挣扎，不再觉得自己有问题，而是找到了自信，无论是通过书信还是在日常交流中，我都会尽我所能地表达自己。

自取得从医资格以来，我在医院工作了很长时间。在那里，我每天都会看到与心理问题做斗争的年轻人。这些问题可能是抑郁、绝望、焦虑或饮食失调，我们稍后都会涉及。这些问题通常会让年轻人觉得无能为力（根据我自身的经历，我知道人们很容易这样想）。但是，在任何情况下，我们总是可以得到帮助和支持的。更重要的是，这些帮助可以改变我们的生活。

我一直热衷于为年轻人提供他们所需的方法或工具，帮助他们迎接心理健康方面的挑战，现在我肩负着这份使命。

被任命为青少年心理健康大使后，我决心做出更好的改变。没有人生来就带有一本指导手册，告诉我们如何保持良好的心理状态。我们必须在成长过程中逐渐学会保持良好心态的方法，而这可不太容易。与此同时，我从经验中认识到，我们不必独自去做这件事。我们随时都可以得到帮助和建议，而不仅仅是当我们感到生活艰难的时候。我坚信，我们越早了解自己的想法和感受，就越能享受更好的生活，这也是我写这本书的原因。我想让心理健康成为一件值得庆祝的事情，这一切就从翻开这本书开始。

第一章

开启心理健康
奇妙之旅

1

拉动操纵杆，
启程！

说到健身，我们大多数人都会想到身体健康。在学校，体育老师会不断提醒我们每天至少做一小时运动。回家后，父母会提醒我们均衡饮食的重要性。

　　你看，生活中我们时刻被叮嘱要关注身体健康。我们知道，体育锻炼能让我们的肌肉保持结实，让我们的肺部和心脏保持良好的状态。当我们在追赶公交车时，身体强壮意味着我们可以追上公交车，或者至少能跑得足够近，让司机看到我们绝望的表情而停车。

　　但是，即使没有这些小小的胜利，保持身体健康也是非常有趣的。一些人纯粹喜欢积极锻炼，而有一些人却致力于达到顶级水平来获得成就感。看看英国的奥运选手们，比如跳水运动员托马斯·戴利和短跑运动员阿什·史密斯，就会发现付出的努力能带来超越任何奖杯或奖牌的回报。哪怕只是小时候在操场上玩游戏，参加团队运动，或带着狗狗出去散步，我们都会发现，呼吸新鲜空气，让身体保持良好的状态，这种感觉有多好。

　　那么，问题来了：为什么我们不像对待自己的身

新鲜空气

体那样关注和关爱自己的心理呢？

　　"大脑空间"指的是我们思考问题的地方，它影响着我们的心情和自我感受，有时我们称其为"心理空间"。它不是我们站在镜子前就能看到的东西。我们的心理健康和身体健康一样重要，这两者相互关联，如果我们没有照顾好其中一个，另一个也可能受影响。举例来说，如果我们情绪低落，就很容易对运动或膳食缺乏热情。同样地，如果我们的生活方式不健康，就容易产生消极的看法。

要过上快乐、充实和有价值的生活，身体健康和心理健康都发挥着至关重要的作用。通过了解我们的心理，并像对待身体健康一样重视心理健康，我们就能学会如何让身体由内而外都保持良好的状态，同时让自己在各个方面都能充分感受生活的美好。

我们的心理与我们的心脏或肺部一样重要，然而它不会被机器扫描显示出来。与那些重要器官不同，心理并不是身体的一部分。它只是我们用来描述大脑处理思想、情绪和感觉（有时我们也称之为情感）的一个词。为了更形象地理解它，让我们想象一系列"操纵杆"。每个操纵杆代表着一种不同的情绪，从幸福和快乐到爱和悲伤，从自信和愤怒到害羞和压力。我想要给每个操纵杆都打上一个标签，这样就不容易混淆。没人会希望在看到自己最喜欢的蛋糕时，不小心露出厌恶的表情，或者在他们感到平静和满足的时候突然尖叫。幸运的是，我们的大脑知道如何在不经意间控制这些操纵杆。为了让我们能体验到复杂多变的感受，大脑要操控数量庞大的操纵杆。简而言之，人类的大脑非常聪明。

此外，在我们的生活中，每根操纵杆都在不断地自我调整。当我们走进一个惊喜生日派对时，大脑里的快乐操纵杆可能会全力倾斜一段时间。当我们打开一罐巧克力，发现最后一块被人吃掉时，也会让大脑的恼怒操纵杆短暂地向前移动一格。事实上，在任何时刻，每一根操纵杆都会在某种程度上被激活，并且会根据我们的情况不断地进行调整。即使我们不感到恼火，但当我们从自行车上摔下来还刮花车架时，恼火这根操纵杆仍然会移动。

简单而言，我们的操纵杆总是在前后移动，并且移动的方式对每个人来说都是独一无二的。如果我和朋友一起去游乐园，但她不和我一起坐过山车，我的恐惧和兴奋的操纵杆可能会推到最高挡。

这时，虽然我的朋友害怕坐过山车，但在看到我晕头转向、两眼直愣愣的时候，她的快乐操纵杆可能会被推向前。

因此，在任何时刻，我们的操纵杆都准备好能感受各种情绪，从恐惧到喜悦，到兴奋，然后再回到恐

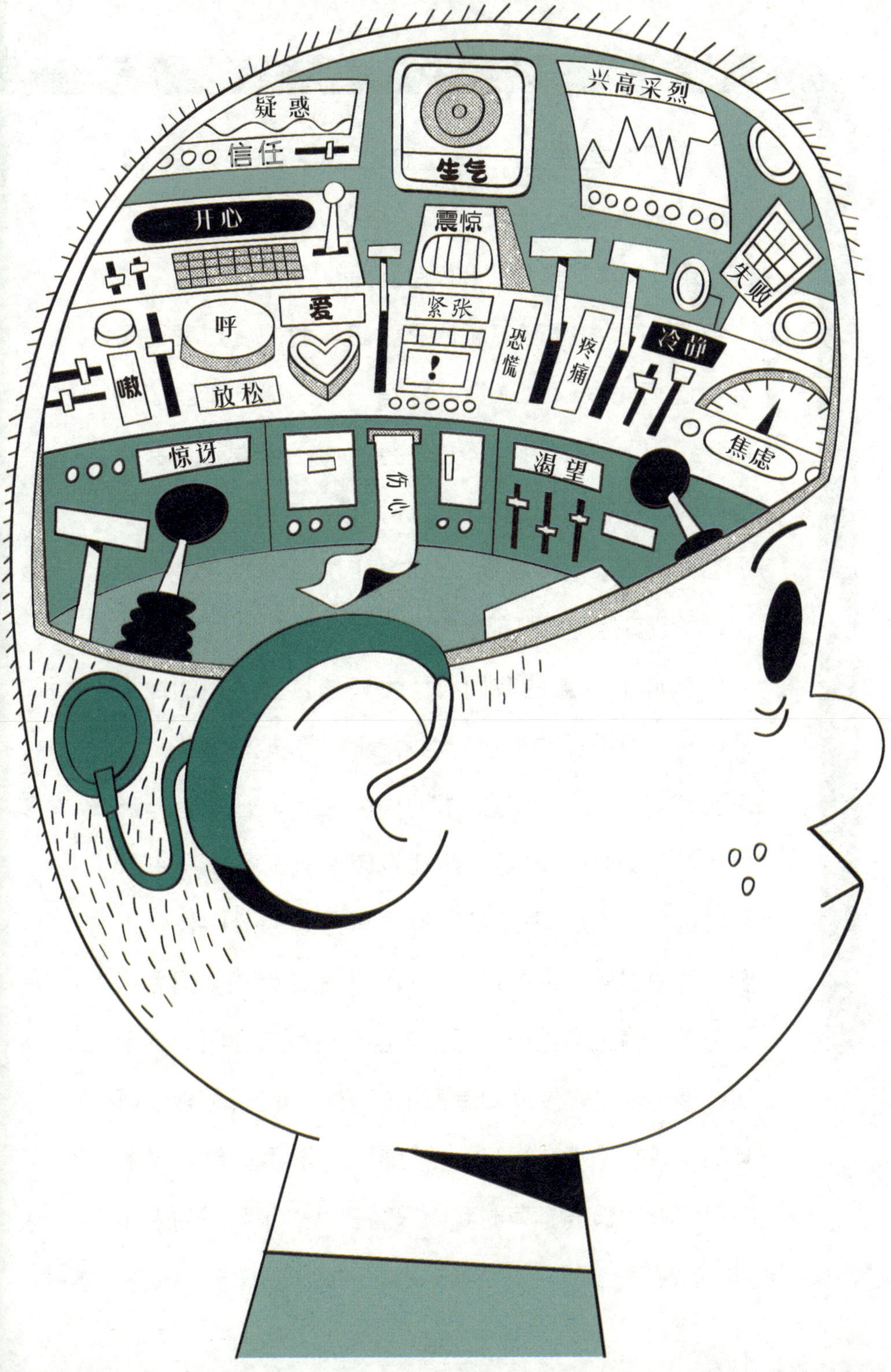

疑惑
信任
生气
兴高采烈
开心
震惊
失败
呼
爱
紧张
恐慌
疼痛
冷静
嗷
放松
焦虑
惊讶
伤心
渴望

惧。我们都是独立的个体，我们的操纵杆也会根据不同的情况而调整。但是，每一根操纵杆都发挥着重要的作用，聚集在一起让我们感到完整。

这些操纵杆在不断调整，陪伴我们度过每时每刻，但有时我们会感觉好像有一根操纵杆掌管了一切，控制了其他操控杆——当我们感到非常悲伤甚至心碎时，往往会出现这种情况，甚至觉得自己也许永远都摆脱不了这种感受。这时悲伤操纵杆似乎被卡紧了，导致其他操纵杆都断电了。

实际上，那些我们很久没有感觉到运转的操纵杆还在一点点移动。它们也会嘎吱嘎吱地恢复正常运转。有时，它们不需要帮助也能恢复，但适当伸出援手总是好的，比如上油让吱吱作响的金属操纵杆更顺畅地移动。正如我们稍后将探索的那样，首先要了解每根操纵杆的作用，然后思考为什么我们会感觉它们没有正常工作。无论是自己进行快速简单的手动修复，还是需要健康专家的建议，帮助总是触手可及的。我们的情感一直在相互协作，让我们能够了解自己所处的情况。有时我们只需要从关心我们的人那里获得额外支持，就能让所有的操纵杆都很好地运转起来。

当然，这些操纵杆实际上并不存在。我们不是机器人，但大脑可以比作超级计算机。为什么这么说？因为它每天要处理成千上万的想法和感受。通过使用这些想象中的操纵杆来形象地描述大脑是如何工作的，我们就能理解它在生活中扮演着多么重要的角色。有些人甚至会说，正是奇妙而复杂的大脑让我们成为真正的人类。

机器人 VS 人类

当人们谈论心理健康或良好的心理状态时，他们肯定会想象一种由快乐操纵杆支配所有工作的状态。那真是太美好了！但生活并非如此简单。从某种程度上说，如果我们每个人脸上都永远挂着笑容，对世界毫不在意，那生活将会变得非常无趣和怪异。如果有一天我一觉醒来，发现每个人都在对我微笑，我会觉得自己活在某个计算机模拟程序中。这让我感到不太真实，最终我可能会跑到山上去，试图躲开那些微笑的"机器人"！

我们过着复杂、充满挑战，有时甚至是艰难的生活，我们的情绪就是为了反映这一点。没有人愿意感到愤怒或沮丧，但这些情绪既重要又完全自然。当我们遇到不顺心的事情时，这些情绪会起到释放压力的作用——有点像沸腾冒汽的水壶。如果我们不曾对着天空大喊大叫或挥舞拳头，这些感觉就不会从我们的系统中消除，我们只会一直生闷气。释放负面情绪，当美好的时刻到来时，我们才能真正懂得珍惜。

负面的情绪似乎是不受欢迎的，无论是悲伤、尴尬、暴躁，还是无缘无故的烦闷。这些情绪会让人很疲惫，我们可能会希望自己能像机器人一样，压制住自己的情绪。这时，我们需要提醒自己：成为人类是更好的选择。为什么？因为尽管有些感觉很难应对，但它们在我们认识世界的过程中发挥着至关重要的作用。

如果我们能坦然面对自己的各种感受，而不仅仅是积极的感受，就不会把负面的情绪闷在心里，希望它们消失。我们先以认识它们为何被触发为起点，做好应对负面情绪的准备。幸运的是，我们有很多不同的方法和工具。何种方式才适合你？你将会在本书中找到很多建议。

但请记住，在心理健康方面，我们每个人都走在不同的道路上。有些人可能会去跑步，因为他们发现运动有助于理清思绪；有些人可能会向他们信任的人倾诉自己的感受，以获得建议、支持和帮助。有时，哪怕只是认识到今天你状态不佳，休息一下，对自己好一点，都能让你感觉好些，为明天的自己注入能量。这就是我们所说的良好的心理或精神状态。接触心灵深处正在发生的一切，就是本书的主题。

我们都有责任照顾好自己的心理健康。幸运的是，与身体健康不同，我们不需要大汗淋漓就能调整好自己的心理状态。我们可以在头脑中进行一些锻炼，让我们的内心强大到足以应对生活中的任何挑战。但精神力量与肌肉力量不同，它指的是在我们需

要帮助时，能识
别和管理我们所
经历的一切感
受。更重要的
是，这些都是很
容易掌握的技能。
老实说，如果我都能学
会善用这些技能，那么任何人
都能够做到！让我们来看看如何开始帮助自己，并为
他人提供支持吧。

如果今天你状态不佳，那也没关系。

做佳宁暖心语录：

照顾心理健康就像给心灵做个按摩，轻松又愉快！只需在头脑中做些小锻炼，就能让我们的心理健康得像超人一样，随时准备迎接生活中的任何挑战！

2

打开心灵
沟通之门

我们从小就学会如何用语言表达自己的想法，从婴儿的啼哭到说出完整的句子。有些人总是滔滔不绝（你会想起班上那个爱说话的同学——或许就是你本人？），另一些人则沉默寡言。无论我们是健谈还是寡言，我想我们都会同意——沟通是生活的重要部分。那么，为什么在谈论感受和负面情绪时，许多人很难将内心的想法用语言表达出来呢？

　　有很多原因导致我们无法轻易倾诉，尤其是在谈论心理健康的时候。我们可能会想：

谈及这些会让谈话的气氛变沉重。

承认自己无法应对，某种程度上意味着我们对自己感到失望。

事实上，这些想法大多是我们在心中筑起的高墙，与实际情况大相径庭。它们会让我们无法吐露心声，把情绪闷在心里，这对我们的心理健康是有害的。

我承认，公开谈论自己的情感是需要勇气的。如果一定要说的话，能够谈论内心感受是一种力量的象征。虽然对某些人来说这也许很难，但在绝大多数情况下，人们只要说出内心的想法就会感到好受一些。

人们可能把这视作大事，用不同的方式对待我们。

别人不会理解，可能会妄加议论，还可能会取笑甚至霸凌我们。

我们还没搞清楚自己的感觉，会想："说出来有什么意义呢？"

以下是一些展开交谈的建议：

☆ **学会敞开心扉。**当我们从未真正敞开心扉时，这可能会很艰难。"谈心"是非常私密的，它给人一种脆弱感和赤裸感。这就是很多人选择什么都不说的原因。要练习谈论感受，一开始你可能会感觉很奇怪，但一旦你掌握了窍门，你会很高兴自己迈出了第一步。

☆ **准备倾听。**除了学会寻求帮助，我们还需要知道何时扮演一位倾听者。如果有人向我们寻求支持，我们能做的最有用的事情就是听他们倾诉，让他们感到自己的心声被听见。大多数情况下，人们只是想要一个倾听者。

☆ **信任是关键。**诚实地谈论我们的心理情况需要勇气。重要的是，当我们敞开心扉时，我们需要感到安全，而这取决于信任。当然，每个人的情况有所不同。有些人喜欢向家人或好友倾诉，有些人则觉得向医生、护士，学校的心理教师倾诉，甚至以邮件、在线咨询、短信或电话等方式匿名联系心理健康服务会会更加自在。

☆ **不要等待危机发生。** 我们知道如何在日常对话中谈论各种话题。敞开心扉谈论我们的情绪，应当和讨论作业或昨晚吃了什么没什么不同。让心理健康成为我们随时可以谈论的话题。毕竟，我们每个人都会产生感受，如果我们能将这些感受融入日常聊天中，那么我们就更有可能在小问题演变成大问题之前发现它。

寻求帮助

谈论自己的感受并鼓起勇气敞开心扉是重要的，我们都有共识了，但真正将其付诸实践，特别是主动寻求帮助，对很多人来说都是一个挑战，尤其是在情绪低落的时候。

中学时期，我担心每个老师都讨厌我的那个阶段，我自己的脸也似乎在与我作对。对很多人来说，

长痘痘在青春期很常见，但我的情况似乎很糟糕。就像在玩"打地鼠"游戏，只要一颗痘痘看似从愤怒的红晕中退去，就会冒出一颗甚至两颗新的痘痘。只要照照镜子，我就会感到非常沮丧。

这打击了我的自信心，在很长一段时间里，我都把自己的感受压抑在心底。最后，我跟妈妈说了这件事，她鼓励我去看皮肤科医生，进行治疗。

虽然我坐在诊室里感到尴尬和无助，但医生安慰我说，这是每个青少年都会经历的事情，并且治疗效果都很好。但最重要的是，我有机会把这个心结说出来，这让我感觉好多了。

当我们遇到问题时，总担心给人添麻烦而不想说出来，毕竟，大家的生活都很忙碌。我们何必让自己无法处理的问题给他人添负担呢？

对于不愿意开口求助

的人，我提供最简单的回答：关心我们的人总是愿意帮助我们的。这是人之常情。试想一下，如果我们认识的人向我们求助，我们会做何反应？即使我们不知

道该如何帮助别人，我们也可以做一位倾听者。通常情况下，这是我们所能提供的最有用的帮助。同时，我们还可以提醒他人，我们会在他们获得适当支持的过程中一直帮助他们。

　　每个人都不一样，都有着自己应对和处理情绪的方式（我当然也尝试和试验过一些方法），这里，我整理了一个简单的自助工具包，帮助你入门。它由一些特殊的"救生圈"组成，使用起来十分方便，旨在帮助所有人。

什么是"救生圈"？

"救生圈"是让我们敞开心扉、寻求帮助和支持的有效工具。它们可以有多种形式。"救生圈"让我们感觉到自己并不孤单，当情绪和各种感受快要将我们淹没，我们可以依靠它们——无论我们是处于危急时刻，还是只是觉得需要梳理自己的想法。"救生圈"会帮助我们迈出解决问题的第一步，让我们来看看一些范例：

写下你的感受。一张纸和一支笔，甚至是手机上的记事软件，都能帮助我们理清内心的想法。写作是表达自己的好方法。可以写几句话，也可以写几页纸，篇幅不限。无论感觉如何，把心里的感受用语言表达出来有助于我们更清楚地"看到"问题所在。这可能不会有立竿见影的效果，但哪怕只是承认自己无助，也会是我们理清状况的第一步。

向朋友、家人或负责任的成年人求助。最重要的是，我们要选择一个适合倾诉的对象——一个值得信任的、能耐心聆听而不会随意做出评判的人。这个人可以是朋友或家人，也可以是身边能够负起责任的成年人。他们会倾听并帮助我们制订最合适的行动方案，将我们的心理健康放在首位。

请记住，只有医疗卫生专业人士（如医生）才能诊断出精神疾病，并提供适当的治疗方案。首先要到当地的医生诊所进行预约，可以单独预约，也可以在父母或看护人的帮助下进行预约。你与医生的谈话将被保密，除非有特殊情况或你有可能受到伤害。

当你决定好向谁求助时，请试着思考以下问题：

选择好时机。向家人或朋友袒露心声时，要找一个安静平和的时刻——没有人急于赶路，也没有人被电视上的节目分心。当你们在车里或并肩行走时，心里话更容易说出口。这时，你们往往会自然而然地向前看，而不是直视对方，这会让人感觉没那么紧张。

做好再次请求的准备。如果你寻求帮助，但没有达到预期的效果，那就需要重新整理一下，然后在其他地方再次说出来。有时，人们只是不理解或觉得自己没有能力给你提供支持。把它当作一次学习经历，再向其他人寻找帮助。寻求帮助不是一次就成功的，继续求助，直到你的心声被听见。

关注积极因素。请记住，寻求帮助有很多积极的影响。只要把感受说出来，就能缓解一些紧张情绪和压力。把它们闷在心里，只会让事情变得更糟。向我们信任的人倾诉，即使不能马上解决问题，也意味着我们不是独自面对困难。

此外，当我们觉得没有人会理解我们所面临的问题时，倾诉能够帮助我们认识到原来其他人也有过类似的经历，最终我们会变得更加坚强。

帮助自己。在这本书的最后，我列出了一大份清单，其中包括专门为青少年提供心理咨询的场所、公益机构和求助热线。这同样能帮助我们将积极的心理健康置于生活的中心。

当你阅读本书中涉及的不同心理健康主题时，你会发现我在很多页都画上了这些救生圈。我会经常谈

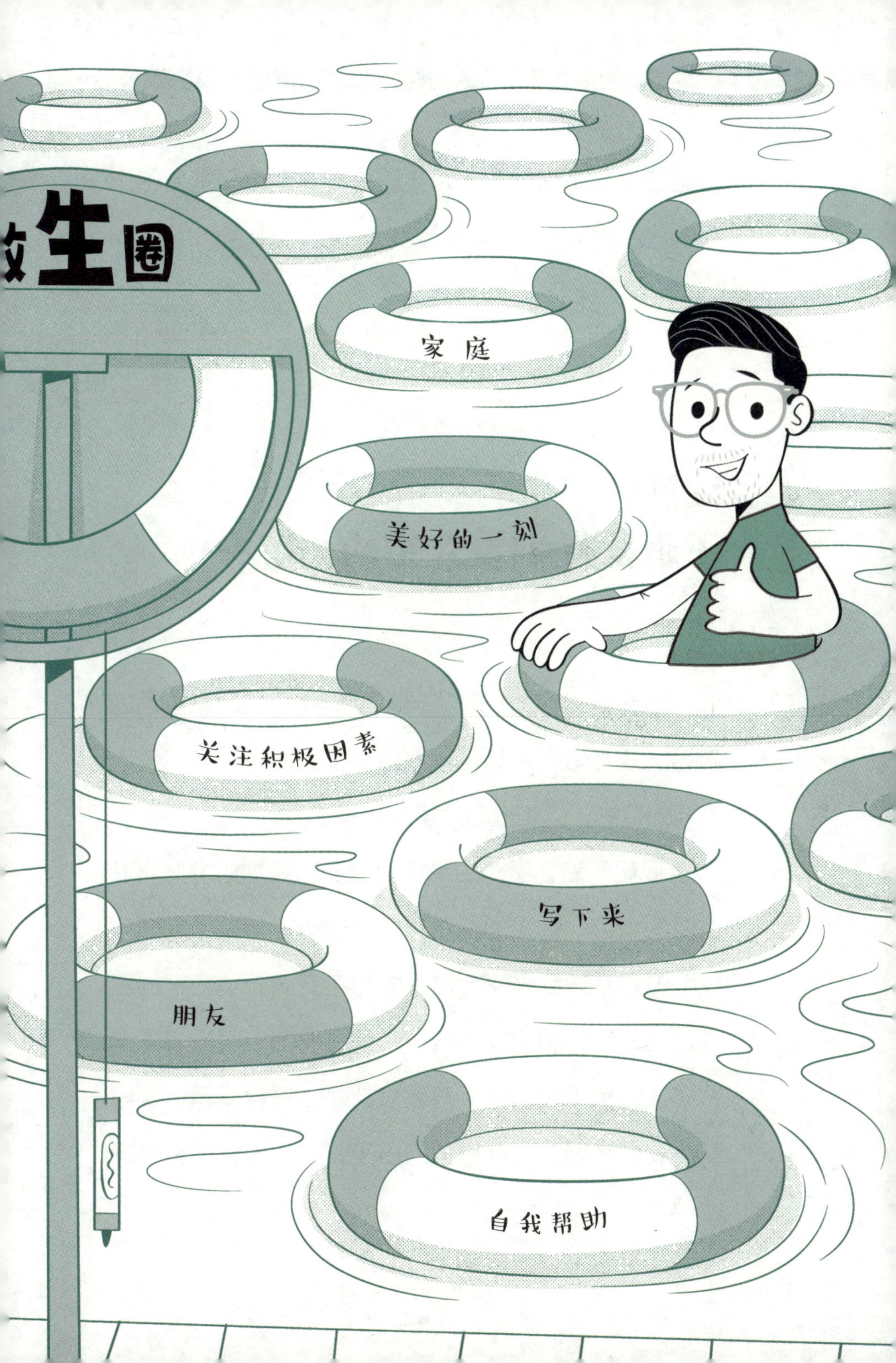

救生圈
家庭
美好的一刻
关注积极因素
写下来
朋友
自我帮助

论这些"救生圈",因为它们是如此有效和简单的工具,并且能够带来巨大的改变。

救生圈

注意!
下面是我们要介绍的内容……

　　心理健康之旅的第一站将从影响我们日常生活的常见情绪开始。尤其是,我们会关注那些时常不受人欢迎的情绪,比如担心、焦虑和悲伤。

　　我们知道,所有的情绪都在我们的生活中扮演着重要的角色,重要的是要学会如何管理它们。我们可以谈论那些感到平淡无趣、惶恐不安或无精打采的日子。也许我们和朋友闹翻了,或者发现自己没收到聚会邀请,或者刚从床上爬起来就感觉浑身没劲。这些都是我们想要跳过或忘记的日子,它们会让所有美好的事情都黯然失色。

　　如果你正经历着这些时刻，这可能说明有大事情发生了，你需要一些额外的支持。因此，让我们一起来探索那些看似消极、困难或具有挑战性的情绪，然后找出处理它们的方法，这样，无论发生什么，你都可以展望美好的一天——正是当下的每一天。

准备好进行心理锻炼了吗？

我们开始咯……

倪佳宁暖心语录：
　　我们的心理健康奇妙冒险之旅即将开始，打开心灵沟通之门，带上心灵"救生圈"，一起来迎接美好的每一天吧！

第二章

心灵之旅的
藏宝图

3

焦虑拜拜，
快乐回来

我喜欢去健身房，健身房是我的快乐天堂，听起来有点奇怪，但这是事实！去健身房是我日常生活的一部分，我通过锻炼身体，来保持体形良好和身体健康。其实，当我第一次去健身房的时候，我完全摸不着头脑。我只记得自己走进一个满满都是人的房间，他们看起来都是专业人士，利用器械练习举重，或在瑜伽垫上做伸展运动。我想，要不直接转身回去吧。

但我深吸了一口气，请教练教我该怎么做。我不能光靠自己，我需要学会在不给自己和其他人带来危险的情况下使用这些设备。很快，我就学会了如何在跑步机上跳跃，而不会被甩飞到房间的另一头；我还掌握了举哑铃的技巧，而不会让哑铃砸到脚上。渐渐地，这些有用的工具帮助我充分利用健身时间。

正如我们在第一章所讨论的那样，心理健康与身体健康同等重要。但是，锻炼身体需要去健身房，锻炼心理素质却可以在任何时间和地点。

即便如此，当我们第一次停下来思考头脑里到底发生了什么时，我们仍然会感到奇怪和陌生。因此，接下来不妨把我当成带领新成员参观"大脑健身房"的教练。我们看到的是一个可以提供很多锻炼器材的地方，但不知道要从哪里开始。通过一场心灵之旅，我们可以熟悉它，并将它视为一个适合我们所有人的舒适场所。我们可以了解到哪些工具可以帮助自己变得更强大、更灵活，并为生活中可能出现的各种复杂情感做好准备。

在参观过程中，我们将挑出一些让人难以处理的常见感受，这些感受会影响我们思考自己的身体、身份以及与他人之间的关系。我们将会探究是什么引发了这些感受并被它们牵着鼻子走。

比如说，如果有人在学校里刁难我们，也就是所谓的"霸凌"，这会让我们的自尊心受到伤害。即使有人故意找碴，这也是不可以接受的，它还会影响我们生活的其他方面，让我们感到孤独，甚至觉得自己一无是处。有时，我们甚至会忽视自己是被霸凌的受害者，责怪自己情绪低落，而不是大声抗议来消除这种情绪。有各种各样的原因使得我们沉浸在难以自控的情绪中，我们却没有意识到背后的原因。学会谈论它们，我们就很有可能将情绪和其产生的原因联系起来，然后从根源解决问题。

我们常常会陷入一种不快乐的状态，却意识不到发生了什么。我们的情绪似乎在与我们作对。这时，我们会误以为任何事情都无法改善现状。例如，当我被担忧所支配，害怕自己出错时，我就会感到压力和焦虑，甚至常常感到痛苦。直到我忘了做作业，老师爽快地给了我一次迟交作业的机会，我才看到了隧道尽头的曙光。我开始思考担忧背后的原因，然后意识到我可以做些什么来缓解忧虑。随着这种意识不断增强，我的生活变得更加轻松、愉快和充实。这是我第一次为自己的心理健康负责，虽然花了一段时间才把事情理清，但只有当我意识到自己有能力做出积极的改变时，这一切才会发生。

实际上，情绪是可以管理的。这并不是说要将情绪压制或封锁起来，因为这既无效也不健康。我们要了解是什么原因诱发了难以自控的情绪，然后找出控制它们的方法。

有了这样的展望，我们就可以制订一个行动计划来解决任何心理问题。在这次旅行中，我希望大家都能感受到自己的力量。即使有些问题还没有出现，我们学会识别这些迹象，并知道该如何应对，也能够帮助我们更好地生活。无论是现在还是将来，面临挑战都是正常的。好消息是，任何心理问题都有解决的方法。只要你主动询问，很快就会发现，我们从不孤单。

更好的一天总是会来的。

如何应对焦虑和担忧

嘿，这是我们旅行的第一站，我们又遇到了我的旧敌——担忧。如果我们静下心来想一想，就会发现担忧是有用处的。要想安全过马路，小小的担忧就能起到很大的作用，毕竟，它促使我们左右看看。同样，大多数人在打盹儿时也不会让浴缸的水龙头一直开着，因为我们都担心一时大意所带来的后果。

无忧无虑的世界听起来似乎很美好，但它并不能长久。就我个人而言，比起处理浸水的地板、每次过马路都在玩命，我还有更重要的事情要做。从这个角度看，适当的担忧在我们的生活中发挥着至关重要的作用。但是，我们必须避免它失控，而且，作为一个曾经的顶级操心鬼，我认为我们需要学会如何将担忧为我们所用。

首先，我们要知道担忧从何而来，以及它是如何保护人类数十万年来免于灭绝的。担忧是一种人类自然的压力反应，是进化的过程中产生的情绪，帮助我们远古穴居的祖先保持警惕，以应对猛兽的威胁。它是如何起作用的呢？当头脑中的担忧操纵杆吱吱作响时，它会促使大脑向身体释放一种叫做肾上腺素的激素……

咆哮的野兽和激增的肾上腺素

在史前时代，如果我们与剑齿虎面对面，很可能会又惊又跳（我可能会号哭和尖叫）。毕竟，那些咆哮的野兽把我们当成了早餐。一想到这些，我们就会心跳加速，呼吸急促。

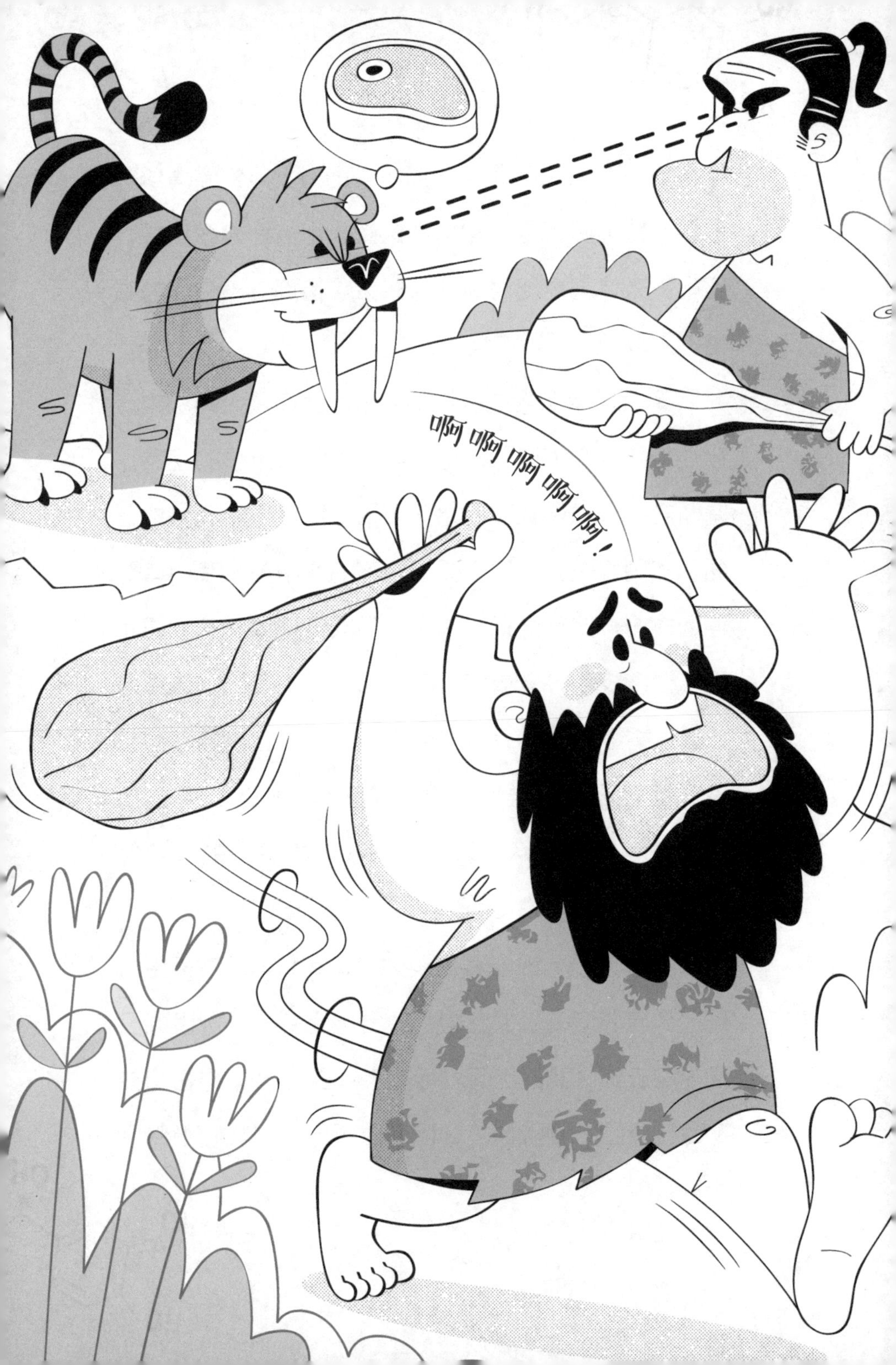
啊啊啊啊啊！

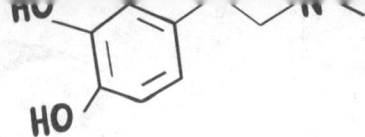

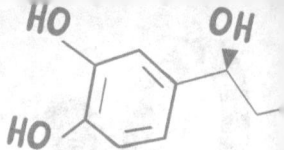

这种生理反应是由于血液中的肾上腺素激增所导致的。肾上腺素是一种化学信使，也被称为荷尔蒙，它提醒人体可能随时需要采取紧急措施，以免成为猛兽的美餐。

肾上腺素会提高我们的心率，使血液流向肌肉。它还能让我们的肺部做好准备，以呼吸更多的空气。简而言之，它能让我们迅速进入行动状态。面对挡在面前的剑齿虎，如果不想成为它的盘中餐，我们有两种选择——坚守阵地，为生存而战（这取决于我们使用木棍的技巧），或者转身逃命。无论我们的选择是什么，肾上腺素都会激发我们的斗志，让我们行动起来。这就是生理学的"战斗或逃跑反应"。它的目的是让我们远离麻烦。看吧，我就说我们的大脑很聪明！

到了今天，除非真的很倒霉，我们早已不再生活在被猛兽袭击的恐惧之中。值得庆幸的是，剑齿虎已成为过去式（我们的宠物猫是老虎的远亲，但它们并不会让我们感到恐惧），但面对压力时，我们仍然会

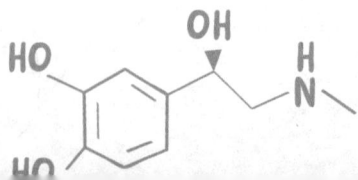

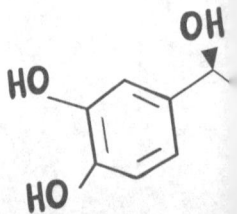

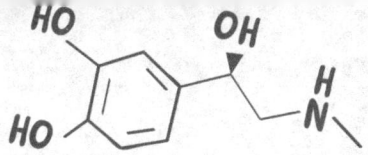

感受到肾上腺素的飙升。毕竟，生活中仍有很多让我们担忧的事情，无论是身材形象或学习考试等个人问题，还是气候危机这种影响所有人的大问题。

与被饥饿的野兽袭击带来的危险相比，有些烦恼是微不足道的（比如忘了做作业），但倘若它们激发了我们体内肾上腺素的释放，就会让我们觉得这是件大事。我们的身心会进入高度警戒状态。如果没有逃跑的理由，也没有什么需要面对和战斗的，这就会造成问题。与之相对的，肾上腺素在我们体内汹涌澎湃，让我们焦头烂额，甚至感到压力，这会给我们的心理造成负担。

因此，虽说人无远虑必有近忧，但如果我们发现自己一次又一次为一件事焦虑不安，这就会成为问题。即使是一系列的小烦忧，也会引发释放肾上腺素的应激反应。这意味着我们会对并不存在的威胁保持时刻警惕，也就是所谓的焦虑。

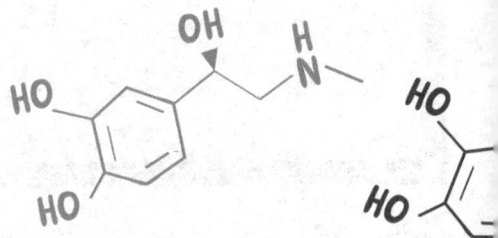

焦虑症患者指南

　　焦虑指的是长时间感到担忧的状态，有时是对不同的事情感到担忧，但往往没有明显的原因。在这种心理状态下，你的大脑会编造出各种理由来解释为什么你的身体里充斥着肾上腺素。即使你的生活中没有任何令人担忧的事情，它也会找到一些事情让你焦虑，为你感到如此不安、紧张和心神不宁找到理由。

什么是惊恐发作？

☆　在某些情况下，焦虑会导致惊恐发作。这是一种会让人感到恐惧的极端反应。

☆　患者会被无助感吞噬，同时会因为肾上腺素激增而出现一些身体症状，包括心跳加快、过度换气（呼吸急促）、出汗、恶心等。这会强化患者正有坏事发生的感觉，让患者感到恐惧或恐慌。例如，有些人在惊恐发作而出现身体症状时，会误以为自己患了重病，甚至认为自己濒临死亡。作为一名急诊科医生，我见过焦虑症患者认为自己生病了来就诊，他们往往感到非常痛苦。

☆　有些人甚至并不知道自己感到焦虑，惊恐发作会让他们措手不及。

☆　如果你发现自己惊恐发作，请记住它是心理困扰导致的一种生理反应。这是因为焦虑使肾上腺素大量分泌，但这种不愉快的感觉会过去的。如果有合适的契机，告诉别人你正在经历什么。这可以帮助你认识到惊恐发作是由焦虑心理引起的，而非实际威胁。

☆　控制呼吸是关键。请尝试下一页的呼吸练习，保持呼吸平稳顺畅，直到惊恐发作的症状消失。

呼吸练习

有些人发现呼吸练习有助于缓解焦虑症状。这是因为当你做深呼吸时，氧气含量会增加，并发出让大脑放松的信号。呼吸练习不需要很长时间，而且随时随地都可以进行。以下是你可以尝试的一种呼吸练习：

1. 肩膀放松，保持头部垂直，用鼻子慢慢地深深地吸气。

2. 感觉肺部充满空气，然后用嘴巴缓慢地呼气。

3. 撅起嘴唇，确保空气轻柔地离开。

4. 重复这个过程一分钟，或直到你感觉恢复平静。

生活在焦虑中会让人精疲力竭。如果我们一直处于"战斗"或"逃跑"的状态，就很难放松让精力恢复，甚至会难以入睡。许多人都曾遇到过这样的情况——我们想在沙发上放松一下，但却一直为某件事感到焦虑不安。这给一切都蒙上了阴影。即使我们已经很累了，它也会持续让我们感到紧张和压力。问题是，当我们被焦虑击垮时，会很容易忽视一个事实——其实它是可以被克服的。它让我们感到生活就是这样令人沮丧的，这就是为什么定期了解自己的感受是如此重要。在任何情况下，我们都可以寻求帮助，让事情回到正轨——要么自己采取措施，要么向我们信任的人倾诉。

当我回忆在学校那段忧心忡忡的岁月时，我意识到，焦虑是导致我认为老师暗地里讨厌我的原因之一。虽然没有任何证据表明这一点，但我的大脑需要一些东西来解释为什么我的肾上腺素系统处于高度警戒的状态。有一段时间，我的大脑会进行一种奇怪的数学运算。它会把焦虑加上过度思考，造就一个非常焦虑的亚历克斯，使他确信自己什么都做不好。

当我开始了解焦虑的原因，并在过度担忧时采取建设性的行动之后，我的生活就平静了许多。直到现在，我仍然会感到担忧。每隔一段时间，我的大脑就会进入高度警戒状态。不同的是，现在我知道如何应对它，甚至把它转化为完成工作的动力。

注意

以下是帮助你应对担忧的便捷指南：

担忧是大脑告诉我们需要采取行动的一种方式。 它要求我们起来战斗或逃跑。管理忧虑的唯一方法就是找出引发担忧的原因，找到根源，这样就不会因为一个担忧而引发另一个担忧。

躲避担忧并不会让它消失。 我知道，有时担忧看起来很可怕，让我们希望自己能躲在床单下，甚至逃到月球上。但是担忧不会就这样消失，反而会让我们感觉问题越发严重。无论如何，解决担忧的最好办法就是面对它。这需要勇气，但我们总要积极向前。

使用"救生圈"。把我们的担忧写在日记或手机上，告诉我们信任的人，这可以帮助我们了解困扰我们的事情。以这种方式分享忧虑，能帮助我们理解忧虑背后的原因，提醒我们在试图理解自己想法的路上并不孤单。

制订行动计划。制订计划能帮助我们按照自己设定的步骤行事，从而产生一种掌控感。比方说，我们不小心把手机落在了公交车上（我知道这是我第二次用公交车做例子，但请耐心听我说），我们会担心再也找不回来了。我们可以为这件事耿耿于怀，但也可以选择把问题说出来，制订一个找回手机的行动计划。在这种情况下，找个安静的时刻将事情告诉父母或监护人，会让我们感到不那么孤独，从而坦然面对发生的一切。当他们看到我们能成熟地面对问题，就会愿意提供帮助，而不是为难我们。下一步，可以联系公交车公司。我们可能要等一段时间，直到公交车返回总站，如果我们收到消息说手机已经找到了，担忧将瞬间消失。无论结果如何，将计划付诸行动总比什么都不做、焦虑不安、夜不能寐、感觉世界末日来了要好得多。

最坏的情况是什么？我们之前提到过这个问题，但事先设想好最坏的情况，往往有助于我们更轻松地应对忧虑。好吧，可能我们给公交车公司打电话，但他们没接电话。最糟糕的情况是，我们需要攒钱再买一部手机，在此期间，我们需要借用朋友或父母的手机。也许，只是也许，我们还能享受一下远离电子屏幕的时光。最糟糕的情况不仅是可控的，甚至还可能有一些意想不到的好处。

我们能掌控的只有这么多。我们都想掌控自己的生活，但有时接受自己无法完全掌控一切会很有帮助。举个例子，我们无法阻止家里的车坏了，导致我们上学迟到；我们无法控制妹妹生病了，导致我们错过了很想参加的聚会；我们也绝对无法避免战争或贫困这样的大事。但我们能控制的是如何面对这些事情，以及如何对此做出应变之举。当我担心让别人失望，或者别人会对我评头论足时，这种想法也同样适用。请记住，人们的想法和感受往往不是我们能控制的，但我们能控制如何照顾好自己，关注自己的心理健康，并将忧虑转化为良机。

享受美好时光。如果我们的烦恼需要一段时间来排解（独处或与可以提供帮助的人一起），那么休息一下是很重要的。此时，适当的锻炼非常有用，无论是进行体育运动还是呼吸新鲜空气。即使只是和朋友一起玩，也能让我们感觉更轻松。此外，还必须确保合理饮食和充足睡眠。当我们的精神和身体都焕然一新时，才能更好地应对脑海中一切恼人的事情。

恐惧症

有时，人们会对某些事物产生极度恐惧，这就是所谓的恐惧症，它可能会引发恐慌反应。

人们可能对各种事物产生恐惧，从动物到具体的物件、地点、食物甚至某种感觉。即使没有任何威胁，患者也会产生恐惧反应，出现极度焦虑，严重时甚至导致惊恐发作。

恐惧症患者可以通过接受治疗——包括慢慢适应恐惧源，直到意识到它没有威胁。

今天过得很糟，并不意味着你是一个失败者；今天过得很糟，并不意味着你是别人的负担；今天过得很糟，并不意味着你就是一个糟糕的人。

攸佳宁暖心语录：

　　焦虑就像一只小恶魔，总是试图扰乱我们的生活。但别担心，我们有力量战胜它！当焦虑来临时，试着深呼吸，告诉自己一切都会好起来的。

4

给压力做个 SPA

我们心灵之旅的下一站是——压力。我们经常听到人们说感到"有压力"或者"压力山大"，这到底是怎么回事呢？其实，这是在压力影响下的自然反应。如果生活中发生的事情太多，或是内心的一些想法干扰了我们的正常生活，这时我们就会感受到压力。

当我们的生活过于忙碌，压力就很容易产生。上学、写作业、参加体育活动和学校社团活动，还有与朋友家人相处，每天我们都好像找不到片刻空闲。我们可能没有意识到，每天要做这么多事情会让我们感到精神疲劳。感觉好像没有足够时间做好每一件事情，这也是一种压力的表现。

压力让人疲惫，让人难以放松下来，甚至没法睡个好觉，这也意味着压力会耗费我们很多精力。像担忧和焦虑一样，压力会触发肾上腺素分泌到我们的身体中，让我们感到紧张和不安，通常还会伴随着头痛等症状。但是压力也是我们脑海中一个可以控制的操纵杆，我们可以好好利用它来发挥我们的优势。

首先，我们来认识一下压力在生活中扮演的角色。要知道，我们的大脑并不是故意让我们感到困惑和疲劳的。

呼！

相反，这是大脑提醒我们的一种方式，让我们知道自己正处在压力之中，需要采取行动了。成为医生的第一天，我在急诊科工作，那时候我的压力非常大。突然，我需要给一位病人包扎伤口，这让我心跳加速，十分紧张。我不得不提醒自己：经过多年的医学院学习，我配得上这一件白大褂。即使这样，我还是花了一些时间来适应这份责任重大的工作。现在，我已经很享受这份快节奏的工作了。当以积极的方式应对压力时，我真的相信压力可以激励我们接受新的挑战，做出重要决策。

注意

以下是如何将压力转化为行动力的具体做法：

确定原因。当我们感到压力时，我们的内心正试图告诉我们有很多事情需要完成。所以，我们可以将所有要做的事情写下来，思考真正让我们感到精疲力竭的原因。这是一种有效的方式，可以让无形的压力源变得可视化，并且这个过程可以让我们平静下来，思考下一步该怎么做。

弄清楚需要做什么。感觉从学校带回家的作业太多了吗？让我们通过制订时间表来应对这种压力。制订一个行动计划并执行下去。

合理安排时间。我们知道克服压力通常意味着我们需要付出努力，但是我们也要善待自己，给自己安排一些奖励和休息的时间。在"作业#1"和"作业#2"之间写下"吃饼干休息一会儿"，这不仅会使你感觉良好，而且有利于把事情安排得当，掌控得宜。

有些人会使用"番茄工作法"，把工作时间划分为多个时间段，每段时长25分钟，每段时间之间安排休息的间隙。这种方法是由一个名叫弗朗西斯科·西里洛的意大利人发明的，每次休息的时间被称为一个"番茄"，这可不是随意取的名字哦，这是弗朗西斯科在大学的时候看见厨房里的番茄形状计时器之后受到的启发。这个方法的理念就是我们每工作25分钟，休息5分钟，经过三个"番茄"后，休息时间可以延长。这种方法可以帮助我们集中注意力，有助于我们做好时间管理，同时，它可以让我们拥有至关重要的"吃饼干"休息时间。

一步一步来。 很多人在面对许多事情需要完成时会觉得无力应对。在朝着目标前进时，不妨逐步推进，不要企图一次性解决所有问题，这样就不至于感到茫然无措。

寻找帮助。 找一个朋友或者其他你信任并愿意听你说话的人，来帮助你正确看待压力。

放松一下。 应对压力会很疲惫。如果我们逼迫自己去面对，压力反而会变得更加难以应对。人们常说的"减

救生圈

压"，其实就是指任何可以帮助我们放松下来、舒缓紧张情绪并将注意力从问题上转移出来的活动。与朋友或家人共度美好时光可以产生奇妙的效果，自己独处时做喜欢的事情也一样。对每个人来说，"减压"的方式可能不尽相同。我会怎么做呢？如果我正在度过糟糕的一天，我会抽出十五分钟离开一下，去"跺脚"。"跺脚"其实是当我感到心烦意乱时，去散一小会儿步。呼吸新鲜空气，换个场景总能帮助我梳理清楚需要做的事情。你不妨也试一试吧！

一些值得信赖的"跺脚"装备：

1. 一瓶水——补水非常关键哦。

2. 听音乐的耳机（古典音乐能让人平静下来，但我也喜欢泰勒·斯威夫特的歌）。

3. 一双舒适的运动鞋（没有比脚磨出水泡更糟糕的事了）。

4. 如果天比较冷，别忘了带一件外套。

当事情太艰难的时候，

那就一天一天地去做，

如果每天的任务看起来太多了，

就划分成一个小时一个小时地去做，

如果这还是太多了，

那就一分钟一分钟地去做。

测验……测验……
（应对复习、评估和考试压力）

在某个阶段，作业、测评和考试是我们每个人都会面对的事情，它们可能是一种常见的压力来源。对许多人来说，这让他们第一次真正感受到压力的滋味。测评和考试是为了测试我们，看一看我们在压力下的表现，所以我们有点焦虑是很正常的。有时候，我也会埋怨考试到底是谁发明的，但我自助的策略之一是提醒自己，如果我做好了准备，这也是展示自己的机会。要把能力发挥到最好，我就需要处理和面对在这个过程中不可避免的、具有挑战性的情绪。以下是我尝试做到这一点的方法：

☆ **不打无准备之仗。** 人们很容易拖延对测评或考试的准备，已经数不清有多少次在我应该专心看医学书时，却发现自己在纸上涂鸦画小狗。问题是这些考试还是如期举行。如果我们不断地拖延，压力只会越来越大。克服拖延症有一些困难，但是我保证我们是可以做到的（包括改掉在纸上涂鸦画小狗的习惯）。

☆ **制订复习计划。** 将你的学习任务分配到你可用的时间里，这样你就可以轻松地完成所有内容。记得在计划中加入短暂的休息时间（别忘了我们的朋友弗朗西斯科·西里洛哦！），并安排做一些有意义的事，作为你努力工作的奖励。完全没有压力不太可能，备考过程中有压力也是正常的，但通过按计划执行，我们可以管理好压力。

☆ **营造良好的学习空间。** 找到一个安静的地方，可以让你不受干扰地复习。在家里做到这一点有时并不容易。家里有时会很吵闹，非常容易让人分心。家里有兄弟姐妹吵吵闹闹的话，学习很容易受干扰。这时候，我们可以充分利用学校或附近的图书馆。任何能让你专注的环境都能够帮助你缓解压力。

☆ **准备展示自己。** 如果我们已经做好了准备，那么我们也要相信自己能在考场上发挥出最佳水平。正向的态度，加上扎实的复习，可以创造奇迹。

☆ **借助"救生圈"。** 备考很容易让人陷入情绪困境，这时候需要我们寻求帮助和支持。我发现向朋友敞开心扉、分享我的感受、和他们一起做些有意义的事情，对我特别有帮助。你和你的朋友也可以在复习之余这样做，并把这视作努力的奖励。我们都很想在学习上取得好成绩，然而，其他事情做得好也会提醒我们生活中除了考试还有更多值得我们关注的东西。

☆ **不要忘记你的目标。** 虽然测评和考试压力重重，但不管怎么样，考完之后，生活还是照常运转。

救 生 圈

当时你可能并不会这样觉得，但作业忘了做、测评结果差强人意、考试不及格并不意味着世界末日。无论结果如何总还会有选择。有时候结果不如意，我会很失望，但并不会因此觉得自己很失败，也不会就此感到绝望。因为我知道我还有别的选择，比如重考，关键在于我们在回看过去时，知道自己已全力以赴，不留遗憾。

将心中所想
与信任之人分享，
能让人快乐翻倍，
忧愁减半。

攸佳宁暖心语录：

压力是生活和学习的一部分，但我们可以学会如何与它共处。当压力来临的时候，记得停下来，让自己放松一下哦！

5

照亮忧郁的
灯塔

现在，我们已经克服了焦虑，解决了压力，那么，要如何才能战胜忧郁呢？这就来到了旅程的下一站——忧郁。我们很容易认为忧郁是一种消极的、不受人欢迎的情绪。毕竟，每个人都喜欢快乐。但是，即使伤心难过在生活中不受欢迎，它也能帮助我们感受当下的每时每刻，从被拒绝、心烦意乱到失望，甚至感到心碎和绝望。虽然经历这些时刻让人感到难过，但我希望我们能看到这些困境是通往美好生活的阶梯。那么，我们要怎么做呢？

通常，忧郁被描述为情绪低落。有些人会说自己不快乐，也是同一回事。忧郁往往会通过肢体语言表达出来。感到沮丧的人可能会疏远人群，好像总有什么心事。某种程度上，这向他人释

放了信号——他们需要安慰，或需要时间和空间来排解情绪。沮丧是一种阶段性的情绪。即使感觉难以承受，也要记住这种情绪一定会过去，美好的日子总会到来。

照亮抑郁症

伤心可能是对困难事件的一种反应，比如和朋友闹翻或未被选入某个队伍。在某些情况下，它可能会无缘无故地出现，而且没有任何会好转的迹象。事实上，大多数人都会不时感到悲伤或失落，但如果这种感觉持续数周或数月，那可能是心理出现问题的征兆，它会以不同的方式影响人们。这就是所谓的抑郁症，但它是一种可以治疗的疾病。如果这种感觉持续几周以上，就必须向专业医生寻求帮助。

据说，每四个人中就有一人，会在一生中的某个阶段受到抑郁症的影响。年轻人往往容易受到影响。抑郁症患者常常感到悲伤绝望，甚至觉得自己一无是处。还有些人只是感到麻木和无法融入人群。其他症状可能包括疲倦、失眠、易怒和体重变化。

人们会因为各种不同的原因患上抑郁症。它与我们的生活经历息息相关，如失去亲人、承受压力、受到欺凌、友谊破裂和人际关系紧张，也可能与健康问题有关，如荷尔蒙失调、大脑病变或血糖水平波动。抑郁症可持续三个月到两年不等，大多数情况下结合药物治疗和谈话疗法，是可以痊愈的。

作为一名医生，我见证了治疗方法的有效性。关键在于我们能鼓起勇气寻求帮助。我们可以与家长、老师或医生进行沟通，他们会与我们一起寻求所需要的帮助。

我们很难判断，悲伤何时会是抑郁症等精神疾病的信号。有时，悲伤只是由于发生了一件令人不安的事，然后它开始笼罩我们的生活。但在任何情况下，无论悲伤是消退还是加深，我们都不需要独自面对它。

注意

当你感到忧郁时，以下是一些寻求帮助的方法：

寻求"救生圈"。 前面我们已谈论过"救生圈"，但确实值得再次强调它的重要性。如果我们感到沮丧，这种情绪已经影响了日常生活，那么不要害怕，敞开心扉谈论它。即使我们不确定那是悲伤还是抑郁，分享我们的心事只会帮助我们认识到，我们不必独自承受这一切。向理解我们的朋友和家人倾诉是康复的第一步。有些人喜欢与学校的老师或辅导员交谈。我们还可以拨打求助热线，勇敢地讲述自己的情况。这需要勇气，但人们会愿意帮助我们的。

获得医生的支持。 作为"救生圈"的一种，医生可以做出专业的医疗诊断，还可以采取一

系列有效的疗法。药物治疗是综合治疗方案的一部分，还可能包括心理咨询。医生会回答关于可选治疗方案的任何问题。他们还会定期复查治疗的进展，以确保制订适合我们的最佳方案。如果我们无缘无故感到情绪低落，而且这种情绪持续了几周以上，我们就应该约见医生，把事情说清楚。他们会愿意提供帮助，而这一切都始于我们主动求助。

保重身体。 除了去看医生，我们还应该善待自己。那些能够帮助我们放松的运动，可以消除压力和焦虑，而这二者往往与抑郁有关。游泳、慢跑或足球等运动，甚至只是走进大自然呼吸新鲜

空气，就能让我们感觉变好。但不要将其作为唯一的治疗方式，多去尝试各种方法，我们就能更有信心战胜抑郁症。

关于自我伤害的说明

（提示：以下内容可能会让某些读者感到不适，最好在成年人的陪同下阅读。）

有时，人们会通过伤害自己来表达激烈或不安的情绪，我们可以将其视为情感痛苦的身体表达。做出自我伤害的诱因是多种多样的，有抑郁和焦虑，也有生活中的伤痛或压力。自我伤害的原因往往藏在身体伤痕的更深处。

如果你有这种困扰，我们会提供支持，帮助你理解行为背后的原因，并找到更安全、更有建设性的方法来处理自己的情绪。

当黑暗笼罩在头顶时，我们很难感受到美好。但请记住，黎明前总是最黑暗的，曙光终会到来。无论你是谁，无论你在与什么做斗争，暴风雨总会过去。不要放弃，向你所爱的人倾诉，并寻求帮助。

再大的**风暴**也总会过去。

攸佳宁暖心语录：

在人生的航程中，难免会遇到迷雾，让我们难过、低落。但请相信，总有一座灯塔在那里，为你指引方向，照亮你的旅程！

6

解锁孤独的

心门

有些人喜欢独处，有些人则喜欢与家人和朋友在一起。我们中的大多数人更喜欢将两者结合，这取决于我们身处何地、正在做什么。独处可以帮助我们专注于工作或全然放松给自己充电，而社交则可以让我们感到与他人的联系。有的时候，我喜欢和朋友在一起；有的时候，我想一个人放松一下，或者在四下无人的时候戴着耳机放声唱歌。我也通过独处的时光感受到了新的活力，准备好再次与世界接轨。

　　人际交往是生活中不可或缺的一部分。无论是与请花时间和自己交朋友，这样你就永远不会感到孤单。

家人共度时光，还是与朋友一起玩耍，人与人之间的联系让生活充满乐趣和意义。因此，当我们无法感受到与他人的联系，就会产生孤独感。这有点像我们之前谈到的担忧预警系统，孤独感在提醒我们，我们需要与他人建立联系。

人们感到孤独的原因各不相同。我们可能会觉得被他人（如朋友和家人）孤立，也可能非常善于交际，但在人群中仍然感到孤单和被误解。

孤独感往往和我们对自己的感觉有关。如果我们不自信、不积极，甚至觉得不被理解，就很难与他人建立联系。因此，患有焦虑症或抑郁症等心理疾病的人往往会感到孤独。

那么，什么是社交焦虑呢？

结识新朋友并不那么容易。你可能还记得入学时的情景——彼此建立信任，找到舒适的相处方式需要一些时间。通常，我们要走出自己的舒适区，才能建立一段良好的关系。

当我参加电视节目《爱情岛》时，我和一群年龄相仿的人一起在度假别墅度过了几周。一切都会被拍摄下来，供数百万观众观看！我自然很紧张，但我不忘提醒自己，其他人也有同样的感觉。我没有躲在角落里，而是向我的新伙伴们介绍了自己。是的，这很尴尬，但这也很正常，我们都有过同样的经历。更重要的是，随着我们相互了解，这种尴尬很快就消失了，我们变得像老朋友一样。如果我在电视节目上都能做到，那你一定可以去跟那个一直想认识的同学主动打个招呼。

遗憾的是，有些人在遇到新朋友或身处社交场合时，很难克服紧张感。这可能会让他们产生焦虑，从而无法融入群体，无法充分享受生活。

但是，社交焦虑不应该与害羞混为一谈。大部分人，包括我在内，在新的环境中都会稍有退缩，直到我们放松下来，感到松弛自在。这是完全正常的，但对有些人来说，陌生的社交场合非常可怕，以至于他们只想逃避。我们说的不仅仅是面对面地接触新朋友。一些有社交焦虑的人甚至在电话中也无法流畅地交谈，在公共场合更会感觉很不自在，这影响了他们的日常生活。

社交焦虑是可以治愈的。医生经过专业诊断，会提供可行的治疗方案，比如心理治疗。

我们自己也可以一小步一小步来解决这个问题。如果你一想到周末要参加一场大聚会而十分难受，不妨考虑和你信任的朋友一起过周末。逐步建立自信也可以帮助我们扩大自己的社交圈，但记住一步一步慢慢来。

注意

孤独是可以克服的，无论是精神上的还是生活中的孤独。以下是一些与周围环境重新建立联系的小秘诀：

抓住"救生圈"，找出问题所在。如果我们在大多数社交场合都感觉很自在，但却感到被误解或缺少联结感，那么坦诚地面对自己，尝试与我们信任的人一起深入讨论，这有助于找到潜在的问题。此外，他人的帮助还能告诉我们，没必要独自面对孤独。人们关心我们，他们想要帮助我们，我们只需鼓起勇气去请求他们帮助。

解决潜在问题。即使我们生活充实、性格外向，自卑（感觉自己不够好）或抑郁也会让我们感到

被他人孤立，但这种感受可以通过他人的帮助和支持来缓解。

保持积极的心态。 如果孤独感来源于社交的缺乏，我们往往会感到被生活所困。改变心态可以创造机会，尝试重新与朋友接触，甚至结识新朋友。不妨先想想我们所在的圈子，认识的人当中是否有可以交心的？在我们的生活中，是否有某个值得信任并一直支持我们的人，值得花更多的时间与之相处？请记住，我们每个人都有能力做出积极的改变。

迈出一小步。 对抗孤独可能令人生畏，寻求帮助需要勇气，但踏出第一步的人不会回头。关键在于不要想得太远，与其想着一夜之间与所有人成为好朋友，不如专注于一两个与我们有共同点的人。不需要很多，也许只是最近看了相同的综艺节目，或者听了同一位歌手的音乐。只要表现出有共同的兴趣，我们就能开始建立联系。

找志同道合的人。 参加学校社团或体育活动可以帮助我们结识新朋友。如果实在没有什么吸引我们的活动，为什么不自己成立兴趣小组或社团，并邀请志同道合的人加入呢？这是另一个摆脱孤独的方式。它可能需要一些努力，但随着社交圈子的扩大，我们会变得越来越自信。

主动关心他人。 人们会因为各种原因感到孤独。例如，有的同学刚转来学校，或者一位同班同学总是很难融入集体，他们这时可能会感到不知所措。无论如何，一句善意的话或一次邀约，对他们来说都意义重大，说不准还能为你赢得一位新朋友呢。

倪佳宁暖心语录：

没有人是一座孤岛，打开你的心门，勇敢地走出去吧，让阳光照进你的内心。

把自己当成朋友那样和自己聊天。请记住：纵使孤独，总有一颗心为你停留，为你伸出援手。

7

失去并不可怕

我们都知道，生活就像过山车一样大起大落。虽然每个人都喜欢"大起"（也称为幸福、有趣和快乐的时光），但重要的是，我们要学会在"大落"中生存下来，并变得更坚强。在经历暴风雨的时刻，悲伤可以发挥重要作用。当失望或被拒绝时，比如我们支持的球队输掉了重要的决赛，或者我们没有人选校队，情绪低落是很正常的，这有助于我们继续前进。

但是，当很重要的人离开了我们，或丢失了一件意义非凡的物件，那种失落感可能是毁灭性的。我们可能会经历一些时刻，例如，亲密友谊或恋情的破裂（这意味着在我们接受自己的感受时，要限制与对方接触的时间），又或者亲近的人去世。

这里所说的是强烈的悲伤和难过，这种情绪让人难以想象：失去了他们，未来会是什么样子。毕竟，我们失去了一份情感联系，这会让我们感到脆弱，甚至沉浸在无法应对的难过情绪中。遗憾的是，失去带来的悲伤并不是我们能够防范的。这是每个人一生中都会遇到的，但我们能够平静地度过这些痛苦的时刻。这并不意味着遗忘，只是让失去变成了我们人生的一段经历。

丧亲之痛

面对亲人死亡时的情感被称为哀伤或丧亲之痛。这是一段艰难的时光。经历亲人离世，因失去亲人而悲伤，往往意味着我们会花很长时间去思考所发生的一切。但有些时候，你会更希望专注于当下，享受喜欢的事物。你甚至会发现自己在这两种状态之间徘徊——你会经历回忆的痛苦，也会对积极迈向未来充满向往。这是很正常的，悲伤的感受不止一种。

在面对"失去"时，我们会感到脆弱，容易受到伤害，甚至觉得生活中的一切都黯然失色。我们需要时间来理清头绪。此时，找一位既了解事件的来龙去脉又关心我们的亲友，非常重要。通过交谈，我们能好好梳理自己的感受，同时在亲友的陪伴下，我们会因为这次痛苦的经历而变得更加坚强。

尽管这很困难，但如果我们能把哀伤和丧亲之痛看作生活中重要且必经的阶段，事情就会变得更容易处理。最终，我们学会了承受失去至亲的痛苦，虽然我们无法释怀，但我们终会成长。接受所发生的一切，那些无法承受之痛终会在时间的流逝中被冲淡。

了解哀伤和丧亲之痛

当我的哥哥莱尔突然去世，我感觉世界都停止了转动。我很难接受他的离去，一直在思念他。

这是我最痛苦的一段情感经历。有些事我们永远无法释怀，但我可以告诉你，时间是治愈一切的良药。

我学会了向朋友和家人求助，倾诉痛苦。这并不容易，但我知道，一味地假装坚强并不能解决问题。无论遇到什么挑战，我们都可以敞开心扉，倾诉自己的感受。我大哭。哭完继续倾诉。回忆起与莱尔一起生活的有趣时刻，我甚至大笑起来。我学会了坦诚地表达自己的感受，我开始接受自己失去了一个如此重要的人这件事。

我仍然非常想念莱尔，但通过直面悲伤和丧亲之痛，我正在学习适应没有他的生活，这本书就是我纪念他的一种方式。

人的一生总会在某个阶段失去自己珍爱的人。哪怕是爱宠的死亡也让人难以承受，尤其是当我们觉得没有人会理解我们所经历的痛苦时，悲伤会加倍。但在任何情况下，悲伤都是可以控制的。我们不能急于求成，企图一下子把悲伤甩掉，但在关心我们的人的支持下，我们可以找到自己的方式来渡过难关，并珍藏对逝者的回忆。

通常，人们会觉得悲痛会一波一波地袭来，有时波涛汹涌，有时只是泛起一阵涟漪。生活终会回归平静，尽管每个人经历悲痛的方式不尽相同，但面对悲痛时会出现的情感值得我们一一加以辨别。

☆ **震惊和否认。**无论亲人的逝去是意料之中还是始料不及，开始时我们往往会感到麻木，这是很常见的。我们可以将其视作大脑保护我们免受痛苦的一种方式，让我们为即将到来的情感冲击做好准备。有些人甚至因为难以处理自己的情感，而拒绝接受现实。

☆ **愤怒。**这似乎是一种奇怪的反应，但失去生命中重要的人，往往会让我们觉得命运非常不公平。在这个时候，我们的情绪往往很激动，愤怒是悲痛的一部分。

☆ **悲伤和渴望。**这也许是每个人在面对亲友逝去时都会有的情绪反应。我们会感到非常沮丧和脆弱。流泪是常见的反应，并且常常让我们猝不及防。我们也可能回想起失去亲人的痛苦，并懊恼没好好珍惜曾经在一起的时光。重要的是，请记住，这些感受并没有错。我们只需要给自己时间和空间来处理情绪，并对自己宽容一些。

☆ **接受。**无论我们以何种方式应对悲伤，总有一天，我们可以回顾所发生的一切并接受它。有时，我们似乎已经平复了，却又遭遇了某种挫折。它可能是一段让人猝不及防，并引发强烈情绪的记忆，也可能是在我们觉得生活已经步入正轨后的另一个低谷。这完全正常。我们永远不会忘记所逝去的人，但事情终会变得不那么沉重和艰难。

虽然每个人都会走过悲痛之路，但在每个阶段，向我们信任的人敞开心扉都可以帮助我们理清自己的感受。它甚至可以起到释放情绪和压力的作用。

注意

每个人在一生中都会经历痛失亲友的时刻，当我们身边的人处在哀伤之中。我们可以对他们提供帮助：

尊重他们的处理方式。在失去亲人时，没有什么正确的应对模式可言。要认识到，无论当事人经历怎样的情绪，这都是他们悲痛的一部分。即使他们没有表现出强烈的反应，这也只是他们自身的处理方式。

认识到情绪会发生变化。悲痛会让人产生各种不同的情绪。在这个时期，情绪是起伏不定的，有些人会从一种情绪转换到另一种情绪。

随时准备倾听。人处在悲痛中往往想倾诉。我们不要评判他们或试图引导谈话，只要给他们机会表达心中所想即可。

采取实际行动。悲痛会让人难以承受，甚至让人无法正常生活，连基本的生活日常（比如按时吃饭）都可能被遗忘。我们可以温柔地提醒他们，或者为他们准备一些点心或饭菜。此时，我们要贴心一些，只要照顾那些对方可能无暇顾及的事情就可以了。

寻求支持。尽量不要为悲痛的人承担一切，这样痛苦会让每个人都感到难以承受。这也是为什么我们需要确保自己在施予援手的同时也能获得支持。在某些方面，"救生圈"对助人者和求助者同样重要。即使我们只是倾诉自己的感受，人们

救生圈

也会认可并尊重我们助人渡过难关的努力。重要的是，我们要向自己信任的人敞开心扉，可以是家人、老师、好友或心理医生。

攸佳宁暖心语录：

面临失去，是人生的必修课。失去，让我们更懂得珍惜，让我们更加懂得爱与被爱。

所有痛失所爱的人，让我们携手共度悲伤的一天。

8

家人朋友：
出色的"救生圈"

没有完美的家庭。我们很容易认为别人过着更好的生活，但我们永远无法真正了解别人家里的情况。每个家庭都会经历关系紧张、生活压力大和情绪紧绷等时刻。毕竟，血缘关系并非自己选择的关系，但我们却生活在同一个屋檐下！我们不会总能和睦相处，这很正常。

我很幸运与家人相处得很好。不过，我还是经常和父母意见不合，我和兄弟们的争吵就像是奥运比赛般紧张激烈。虽然没有人喜欢这些冲突，但我最终认识到冲突教会了我如何与他人相处。我认识到，妥协可以很快带来和平，这肯定比拒绝让步、坚持认为自己是对的而别人是错的要好得多。我还认识到，在

紧张时刻保持冷静比大喊大叫、使劲跺脚和愤然离去更有效。

当然，每个家庭都是不同的。我们被养育的方式不同，面临的处境也不同，这让我们每个人都有自己独特的成长之路。许多家庭的氛围融洽和谐，能为家人提供关怀、爱护和归属感。有些家庭却面临一些挑战。但无论怎样，世上都没有完美的家庭。就像我们的心理健康一样，我们应该把改善家庭关系看作一项不断进步的工作。这意味着我们不仅要享受美好时光，还要学会处理家庭压力，像是争吵和分歧。无论是与兄弟姐妹大吵大闹、摔门而出，还是对家庭成员口不择言，许多人都曾有过这样的时刻并感到后悔。有

啦啦
！啦-啦啦

时，把事情说清楚，或者给彼此一点空间，直到彼此都冷静下来，会让事情更轻松一些。每个人与家人的关系都不尽相同，但有一点可以肯定：家是我们的学习园地。

有时，父母分居或离婚后，家庭也会重组。这对所有家庭成员而言都是一场巨大的动荡，但最终这会是每个人重新找到幸福的唯一途径。如果你和你的家人正在经历这种情况，本书附录部分将为你提供一些帮助。

在任何时候，无论我们的家庭背景如何，我们都应享有来自家庭的安全感。当这成为一个问题，而你无法向家里的任何人求助，请与一个能以你的利益为出发点的负责任的成年人谈心，比如科任老师或学校心理老师。请查看本书最后的附录部分，了解相关社会服务的详细信息，有许多公益机构可以为我们提供应有的支持和帮助。

朋友的作用是什么？

我们与家人紧密相连，同时我们可以选择自己的朋友，这意味着我们可以让自己与优秀的人同行，他们能逗我们开心，也能听我们倾诉。我已经数不清有多少个美好的日子是和朋友们一起度过的，他们给我留下了珍贵的回忆。不过，有些朋友是一辈子的，而有些朋友却会成为生命中的过客。无论如何，重要的是我们选择的朋友对我们表示尊重和善意，而我们回赠同样的尊重和善意。

如果不尊重对方，友谊就会出现裂痕，导致心烦、安全感缺失和情绪低落。从嫉妒到麻木，任何事情都有可能发生，这会让友谊变成焦虑和痛苦的根源，甚至会演变成欺凌。这时候就该问问自己：那个人是不是真正的朋友？

我们还会发现自己面临着融入群体的压力。想融入集体是很自然的事，但有时我们仅仅因随大流，就参与到那些让我们感到不舒服的行为中。这样的事可能有很多，如在背后刻薄地议论某人。当我们有这种感觉（有时被称为同伴压力）时，我们可能很难说"不"。同时我也真的相信，如果我们能鼓起勇气说"不"，礼貌地避开任何我们不想参与的活动，人们会对我们能够坚持自己的立场大加赞赏，我们也能够昂首阔步地离开。

在任何情况下，如果身边的人让我们感到自卑、担心、害怕，或感到任何形式的压迫时，一定要抽身离开。这些人不是真正的朋友。虽然这可能有点难接受，但请记住他们的行为反映出了他们自身的问题，而不是我们有问题。走出这段关系可能会很困难，所以我们需要和那些真正关心我们的人在一起。

健康良好的友谊很重要。从只是一起出去玩，到庆祝彼此的生日，再到交换书籍而开怀大笑，拥有一个良好的朋友圈有很多好

处。此外，如果我们在家庭或学校等遇到困难，与了解我们经历的朋友在一起也会有所帮助。当我在学校成了被霸凌的目标时，朋友们看出我的痛苦。在他们的鼓励下，我向老师反映了情况，他们制止了霸凌行为。当然，有时我们只是想通过和朋友一起出去玩，来摆脱生活的烦恼，这也是很好的。哪怕我们选择不谈论那些烦心的事情，和朋友在一起的美好时光也可以让我们从烦恼中解脱出来。

团结

就是力量。

注意

家庭生活会对我们的情绪产生很大影响。同样，友谊对我们来说也很重要，它既能给我们带来乐趣，也能给我们带来支持和理解。但无论是与家人还是朋友，总会有不能和睦相处的时刻。如果我们想让自己的友谊和家庭关系真正熠熠生辉，那么就必须付出一些努力。方法如下：

敞开心扉。我们的朋友和家人是出色的"救生圈"，就在我们身边。当我们遇到任何问题或困难时，向他们敞开心扉，他们会帮助我们的。

做一个倾听者。除了分享我们的心事，也要准备好倾听对方的心声，并以对方支持你的方式支持他们。

准备好妥协。当我们学会灵活变通时，友谊和家庭关系就会茁壮成长。我们都是独立的个体，有时我们对生活的态度并不相同，这并不意味着某个人是对的，另一个人是错的。事实上，任何问题出现分歧，如果带着尊重的心态去看，分歧反而可能是有益的，甚至可以成为乐趣的源泉。例如足球，我是斯旺西城队的忠实球迷，让人难以置信的是，这支超级球队却没有受到每个人的支持！分享各自的观点，即使我们不能达成一致，也会帮助我们学会接纳新想法，了解自己从未体验过的生活。

倪佳宁暖心语录：

　　家人和朋友永远是我们最坚强的后盾，也是我们人生之旅最好的伙伴，敞开心扉，与他们分享我们的喜怒哀乐吧！

家庭可以包容你的一切。亲密的友谊将伴随你的一生。

9

爱自己，从爱
自己的身体开始

我们看待自己身体的方式往往会影响我们对自己的看法。如果我们对自己的外表不满意，这会影响我们的自信，阻碍我们前进。事实上，每个人的身体都是独一无二的。我们的身材、体格和身形都各不相同。

我们的外貌可以说是千差万别，从我们的皮肤细节到头发的粗细，每个人都与众不同。而且，随着我们的成长，我们的身体也在不断地发育变化。有时候我们会觉得自己住在一个陌生人的身体里，这就是为什么学会和我们的外貌交朋友很重要。但是，学会珍视我们的内在美更加重要。从我们的幽默感、兴趣、个性到信仰，当我们从内心认为自己是一个很棒的人时，这份认知便会自然而然地转化为自信。

但是要建立自信并不容易，因为我们常常只是看到别人的外表，就觉得自己比不上别人。在成长过程中，每个人的身体都以不同的速度生长发育。在我上学时，我的几个同学似乎在一个学期的时间里就从小男孩变得像大人那样强壮，这让我感觉自己"掉队"了。和这些成熟强壮的男孩在一起真是太让人局促，尤其是在体育课上换衣服的时候！我花了一段时间不断提醒自己，他们内里还是同一个人。他们的小胡子并没有让他们变得比我强，我也不必为我的娃娃脸感到尴尬。是的，外形为他们赢得了关注（不管是好是坏），但依旧只有他们的性格才能给人留下更加长久的印象。

我们很容易对自己的外表感到不安。为什么呢？因为我们身上总是有一些我们认为不是自己优势的特征。一旦我们把注意力集中到这些特征上，它们自然就成了我们所看到的全部。但请记住，我们才是自己最严厉的批评者，每个人都想要他们没有的东西。我真希望我能和我的好朋友一样拥有一头浓密卷发，但我也知道他希望能有一头我这样的金色直发。我可以花时间打理我的直发，然后给自己预约烫发，或者我也可以认为现在的头发就很好并接受它。毕竟，不管我是卷发、直发还是完全没有头发，这都没有关系，更重要的是，我感到满足和快乐。

即使我们不能完全喜爱自己身体的每一个部分，也可以保持平常心去对待自己的身体，接纳我们的身体，认识到我们的价值不仅仅取决于外表，这种平和冷静的心态可以让我们把精力集中在其他地方。

　　如果我们能学会放下对自己外表的过度关注，将注意力放在饮食健康和体育锻炼上，这时候我们的个性就能够真正地闪耀起来。如果你觉得需要一些帮助来改变你的心态，可以试着记住以下几点：

☆　外表通常会给别人第一印象，但个性才是给人留下持久印象的关键。

☆　只有当我们接纳自己的身体和形象时，我们才能真正地放松，做回真正的自己。学会感恩我们所拥有的，将目光放在外界，而不是紧盯着自己，充分享受生活的美好。

☆　人体真的很神奇。我仍然觉得不可思议，我们身体里的所有细胞都是由一个细胞分裂而成的，这个细胞为我们每个人创造了一个独特的外壳。与其消极地关注事物的外表，不如提醒自己，我们的身体每时每刻都在做着不可思议的事情——比如肠道是如何有着独立神经系统的第二个大脑一样运作的（这让"相信你的直觉"有了一个全新的含义），或者骨骼是如何自我修复的（非常有用），或者口腔每天可以产生1～2升唾液……好吧，最后一个有点恶心，但你明白我的意思——我们的身体可以做很多很多事情。所以，让我们好好照顾它，让它在最佳状态下工作。

赞美练习

我们可能已经习惯于接受赞美或是赞美别人，但我们很少会赞美自己（也许是担心变得自大）。不过有科学研究证明：自我肯定可以帮助我们提升自信心，同时也是一个帮助我们转变心态的好工具。

所以如果你曾经感到沮丧或是缺乏自信，需要振作起来时，请对着镜子，重复三遍下面这些话：

你是值得的。

你已经足够好了。

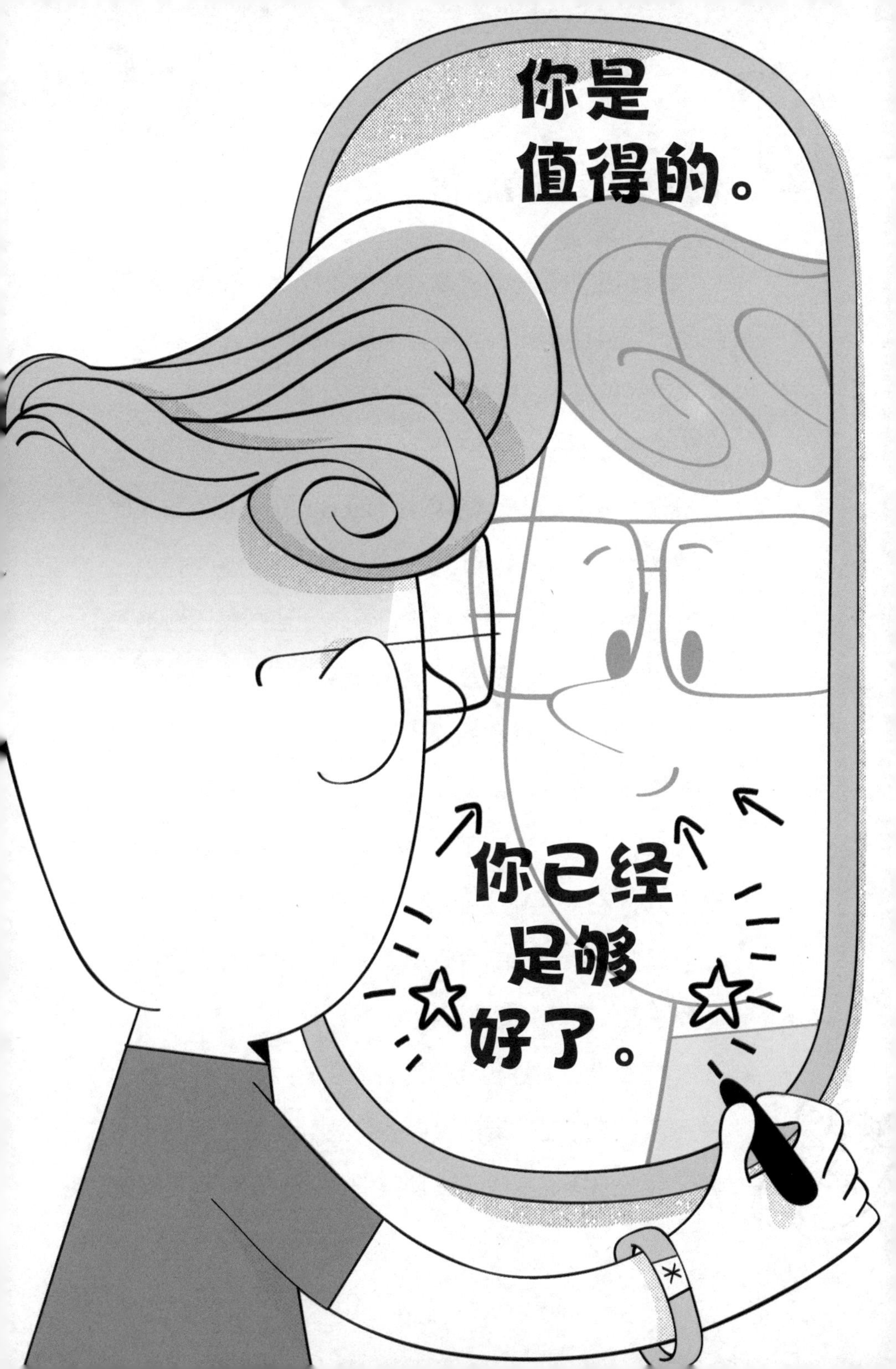
你是
值得的。
你已经
足够
好了。

健康的运动态度

我们生活在一个只需轻点按钮就能改变外表形象的时代。从使用滤镜到编辑工具，修图一开始似乎只是无害的乐趣，结果却是；社交媒体上充斥着数百万张名人和普通人看似完美无缺的照片。除非我们意识到这么多照片都是经过技术手段修饰处理过的，把皮肤变得光滑或者让人看起来更苗条，否则我们很容易觉得自己比不过别人——尤其是当我们看不到他们有任何不完美的地方时，这最终会严重挫伤我们的自信和自尊。

这可能会诱使我们为了追求某种身材而去锻炼，而不是为了变得健康。问题是，这并不能带来快乐。为什么呢？因为我们在追逐一个不真实的目标，它是经过滤镜和润色的。而且，如果我们总是达不到目标，那么所有锻炼的疲惫加上失落感就会影响我们的心理健康。这样会变成一种恶性循环。

是时候在锻炼和我们的身体之间建立一种健康的关系了，不能让它支配我们的生活。在某些情况下，我们会发现锻炼变成了一种强迫行为，用来掩盖或逃

避对自己的不满意。几年前，我和朋友们一起度假，我发现自己真的很在意身材。通常我不会脱掉上衣，但那是一个炎热的夏天，和其他人一样，我光着上身坐在泳池边，注意到每个人似乎都有六块腹肌。这让我感到非常不自在，只想把衣服穿上，然后回房间里去。我花了很长一段时间才认识到，只看外表其实是很肤浅的，唯有我们的内在才会产生最大的影响。我记住一个人不是因为他肱二头肌的大小，也不是因为他紧绷、起伏的腹肌，而是因为我们一起聊天、一起欢笑的美好时光。现在，我锻炼身体是为了保持健康，而不是为了追求某种体格，我非常喜欢这种状态。在任何情况下，自我感觉良好都必须源自内心。这就是为什么把锻炼作为一种健康、有趣和积极的生活方式尤为重要。

我们可以从做一些喜欢的运动开始。无论是团队运动还是个人锻炼，如果觉得它很有趣，那么变得健康就是美好时光之外的额外奖励。锻炼还可以提升我们的自信和心理健康水平。在很多方面，锻炼实际上只是动起来的一种形式。这意味着我们不必总是选择

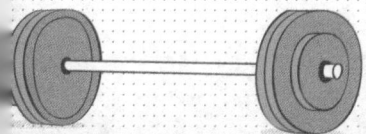

特定的运动来保持身心健康。无论是在街区周围走走来提提神（我称之为"跺脚"），还是在健身房锻炼，或者和朋友打一场网球，边打边聊天，我很享受以任何方式让自己动起来。这些活动让我感觉很放松，并准备好迎接新的挑战。这要归功于一种叫做内啡肽的天然化学物质的释放，它会让人感觉良好。虽然我们不能完全依靠这些化学物质来维持积极的感觉，但我们可以把运动锻炼纳入我们的日常生活中，保持身体健康的同时，也对我们的心理健康大有益处。

动起来

注意

我们每个人都可以改善自己与身体的关系，而且我可以告诉你，这是值得践行终生的事，归根结底还是在于善待自己。所以，与其站在镜子前对着自己的肚子或肩膀皱眉，不如让我们关注一下值得赞美的事情。

不要把注意力集中在外表上，而是要越过外表，问自己一些关于内在自我的问题。例如，你最喜欢自己的哪一点？

这可以是一种天赋，你在学校擅长的一门学科，或者一种爱好。也许你喜欢做志愿者，也许你很擅长让你的朋友和家人放声欢笑，或者你每次和小伙伴玩电子游戏时都能够掌控全局。任何事情都可以！

我们越是关注我们本质的内在部分，就越会减少对外表的评判，而这正是我们真正发光的时候！

攸佳宁暖心语录：
　　身体是生命的载体，是精神的殿堂。保持健康的饮食和适度的运动，能给身体充足的休息和放松。真正地爱自己，从接纳和爱护自己的身体开始吧！

123

10

我们和食物的关系

吃是生命中必不可少的一部分，这不仅仅是因为食物中含有各种维持我们生命的营养和矿物质——当然这也很重要，食物还可以给我们带来非常非常多快乐，无论是和家人朋友一起吃饭，还是在感到沮丧时喝一杯热巧克力振作起来。

感谢我的味蕾和嗅觉，是我的小确幸，让我可以享受各种意大利美食——从比萨到意大利面，我全部都很喜欢。但我们与食物的关系并不仅仅在于我们是否是美食家，或是在"比萨要不要加菠萝"的争论中站在哪一边（正确答案是……事实上，我不会深入讨论这个）。

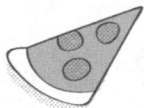

通常，食物和我们的情绪之间存在联系——例如，当我们感到沮丧或有压力时，我们可能不想吃东西，失去食欲。此外，就像我们之前提到的那样，当我们关注身材形象时，日常饮食同样也会影响我们的自尊和整体健康。我们要意识到，饮食失调会引发一系列问题，影响我们的思想和行为，让生活被笼罩在一片乌云之下。它有多种表现形式，包括暴饮暴食、过度节食，或者把情绪通过进食来宣泄。

关于饮食失调的说明

神经性厌食症是一种进食障碍。患者会限制自己的饮食，这意味着他们没有获得足够的营养来保持健康，而神经性贪食症患者在进食后经常会恶心呕吐。还有，暴食症（也称为强迫性进食）则是一种患者无法停止进食的行为障碍。每一种进食障碍都属于心理健康问题，通常需要专业的帮助、理解和支持，是可以治疗的。

让我们明确这一点：食物是我们应该享受的生命燃料。世间美食味道多样，口感丰富，风味各异，推行明智、均衡、健康的饮食方式会有益于我们的身体健康。美食不仅能够帮助我们更充分地享受生活，更让我们每天都过得有意义，我们应该欣然接受。

☆ 健康、均衡的饮食是积极心态的关键。

☆ 这是我们经常吃的食材，我们可以制作各种菜肴。

☆ 偶尔吃外卖完全没问题，而且吃外卖通常是与家人和朋友一起享受时光的有趣方式。把它当成一种款待，而不是每天的正餐。

☆ 我们与食物的联系贯穿一生，所以让我们把这段关系处理得积极又愉快吧，这对我们的身心健康都有好处。

健康均衡的饮食

有助于保持积极的心态

关于饮食的说明

将食物与体重挂钩会给人们带来各种各样的困扰。我们说的节食，是指为了减肥而减少摄入食物或改变饮食习惯。为了塑造我们的外形，限制饮食具有一定诱惑力。有一段时间，我觉得拥有六块腹肌是成功的通行证——事实并非如此——我避免摄入某些我喜欢的食物，因为我担心会变胖。但节食并不利于我们的身心健康，这让我感到焦虑不安而且很饿！最终，我意识到：快乐、积极的生活方式和良好的健康状态才是最重要的。从那时起，我就再也没有尝试过节食！

我们知道仅仅通过节食来减肥是行不通的。这会增加心理压力和焦虑，甚至扭曲我们与食物的关系。节食也意味着我们错失了促进身心健康的营养和维生素。而且，节食的人往往发现他们的体重在停止节食后又反弹了，这会让人感到失望又难过。

只有医生或合格的营养师才能指导人们出于健康原因减肥，而且这不仅仅是要改变他们的饮食习惯，还要结合适当的锻炼计划。如果你一直受饮食失调的困扰，可以求助专业医生，他们会乐意给你提供帮助，哪怕只是稍微调整生活方式来保持身心健康。

攸佳宁暖心语录：

均衡的饮食，对我们的身心健康极为重要。调整好我们和食物的关系，我们的奇妙之旅才会走得更远、更精彩。

你的美，
内外闪耀。

11

"我是谁"

我们是独一无二的，这是什么意思呢？当然，我们都是人类，但许多不同的因素汇合在一起，让我们每个人都与众不同。

　　自我认同意味着很多事情。最基本的是，它总结了我们是谁，以及是什么造就了我们。我们可以试着把它想象成蛋糕的配料或一层一层的洋葱片。我们可能会喜欢某种类型的音乐或运动，同时我们的背景或交友等各种因素也促使我们成为独一无二的个体。作为人类，我们在许多方面各有不同，但我们也有共同的纽带。这说明我们的自我认同可以给我们一种与他人同在的归属感，同时让我们有自信，为成为独立个体而感到骄傲。

　　关于我们的自我认同，最棒的一点是它并不是固定不变的，它可以随着时间的推移而改变和成长。毕竟，它由很多因素共同组成，包括兴趣和信仰，而这些事物是以不同的方式逐渐成形的。有时候，我们会发现身上的某些东西会伴随我们一生，比如我对小狗和暑假的偏爱。与此同时，我们可能会抛下一些不再符合我们对自己看法的东西。这是一件好事。对我来说，这意味着我不是注定要永远穿着那些我曾经认为很酷的紧身牛仔裤——虽然很酷但是我穿着它们时寸步难行。所以不要认为我们自身是一成不变的，我们是可以随时修整和塑造自己的。在某种程度上，这是我们在一生中不断成长的方式。

理解自我认同，适应我们是谁，了解我们想成为谁，是我们所有人都要经历的事情。随着我们长大，开始更多地思考自我认同，我们自然而然地会给自己贴上标签。这可以帮助我们融入群体，让我们感觉自己是群体中的一员。无论我们是支持某支足球队，还是加入读书俱乐部或是电视剧粉丝群，归属感都能让我们感到兴奋。在某种程度上，这会让我们感到舒适自在，也会帮助我们与志同道合的人建立联系。问题是，我们并不能简单地被一个标签所定义。如果我们一直钻牛角尖想要弄明白这个特定的标签，可能会让我们感到困惑或者不安。提醒自己：有问题但还没有找到问题的答案，是完全正常的。

虽然"贴标签"很有用，但不要觉得我们必须使用标签，这一点很重要。例如，如果我们正面临着融人某个群体的压力，或者我们发现自己对某个人产生了好感，好奇这意味着什么，这时候我们可能会觉得需要使用一个标签。

我们中的一些人甚至可能对自己的性取向感到不确定——这也是自我认同的一部分，与我们被谁吸引有关，是男孩？是女孩？或是两者都有，或是都没有。有些人可能会对自己的性别认同[①]（gender identity）存有疑惑。性别认同是指我们觉得自己是男孩还是女孩，或者两者都不是。这与我们的生理性别不同，生理性别是由我们与生俱来的身体结构决定的，即在生理上是男性还是女性，但性别认同更多的是关于我们内心的感受。一小部分人觉得有些人不需要多想就

[①] 性别认同：或称性别同一性，指人们对自己性别的意识、体验和确认，是对自己性别的归类。

可以确定自己的性取向和性别认同，而另一些人则需要一些时间，甚至是一个机会或通过某种方式表达自己，确定这是否适合自己。无论前者还是后者，都是没问题的。

无论如何，我们每个人都走在自己的旅途上，是否使用标签也由个人决定。即使我们仍在拼凑能够向自己或世界展现个人风采的拼图碎片，这也没有关系，真正要紧的是，我们对自己是谁感到满意，对表达自己感到自在。这不是一场比赛，请记住那些"救生圈"，我们随时都能寻求支持和帮助。无论是在闲聊之后，还是感到困扰或者痛苦时，把感觉用语言表达出来会帮助我们理解自己的感受。

从小到大，当我跌倒擦伤了膝盖，大家会鼓励我"勇敢点""像个男子汉一样"，这就意味着哭泣一点儿也不酷。男儿有泪不轻弹——至少我被灌输了这样的想法。直到我长大了，开始质疑背负"男孩"或"男人"的标签意味着什么，我才意识到以这种方式压抑自己的情感是不健康的。情绪是不分男女的。我们每个人都可以自由地以任何真实的方式表达自己。

注意

我们要采取积极的态度对待"我是谁"。要想弄清楚是什么造就了我们，关键是随时对自己感到满意舒心。

不用急着了解并解答有关自我认同的问题。 即使我们对自己的某些方面感到困惑或不确定，这完全不能说明我们落后了或者失败了。这只意味着我们还在探索问题的过程中。

标签不是强制性的。 标签的确可以帮助我们找到自己的群体，但不要忘记，我们都是独特的个体！让我们与众不同的东西可以成为骄傲的源泉，如果我们能够因为自信和善良而变得与众不同，这将是保持心理健康的良好基础。

享受旅程。 理解自己是一个怎样的人可能需要一段时间。它更像是一个缓慢揭示的过程，而不是一次顿悟，在这个过程中会有很多像剪个奇怪发型这样的尝试。一旦认识到我们会用自己独有的方式发现自己是谁，这将会让生活更加愉快，并成为心理健康发展的源泉，而不是造成不确定性的原因。

12

亲密关系的秘密

随着我们一年一年长大，我们的情感也在不断发展和增强。一般来说，我们通过体验情绪来掌控情绪，这就是为什么我们在事情不如意的时候，不再像蹒跚学步时那样乱发脾气（不管这种冲动有多强烈）。即便如此，在生活中，许多情感可能在我们内心涌动，而且可能很难处理。

　　让我们来谈谈被某个人所吸引的感受。当这种情感出现时，它可能会很强烈，特别是当我们刚接触浪漫的感情世界时，情况尤其如此。我们可能会发现自己常常想念一个很喜欢的人，甚至幻想着和那个人在一起。当然，这可能很美妙，但有时喜欢上某人更像是一种难以克服的情感挑战。

在我的学生时代，如果一个男孩或女孩喜欢上了某个人，他们通常会表现得很奇怪。他们不是去了解对方，看看对方是否也有同样的感觉，而是表现得好像这是他们最不想见到的人！"呃，不可能！"当被问及是否喜欢对方时，他们会这么回答，尽管在内心深处，他们无法停止对那个人的思念。这是一种奇怪的自我表达方式。但当我第一次爱上某人时，我发现我甚至不敢和她有眼神交流！我现在意识到，我们当时并没有准备好处理这种被吸引的感觉，这种感觉可能会让我们感到意外。在我的经历中，我不仅没能做到公开和坦诚，反而尽一切努力掩盖我的情感，假装这个我觉得非常有吸引力的人根本不存在！要想建立一段关系，我还有很多东西要学……

最终，我们都会长大，学会对自己的情感负责。我们意识到，如果我们想和喜欢的人取得关系上的进展，假装他们不存在，或者假装厌恶他们，这些绝对没有帮助！这样不仅是没有意义的，而且还是很不尊重他人的。我们可以做得更好。

敞开心扉说出自己的感受需要勇气，但这同时也是一次帮助我们与他人建立联系的宝贵经历。与某个特别的人建立联系可能会带来巨大的回报，但这需要时间、精力和良好的沟通技巧。通常，我们需要从错误中吸取经验，而这可能会带来复杂的情绪，从担忧到沮丧再到心碎等等。

关于喜欢和初恋

爱是一种强大的情感。它是欣赏、尊重、信任、吸引……这类情感通常会随着时间的推移在两个人之间建立起来。

有时我们会发现自己被某个人吸引，并认为我们恋爱了。事实上，相互吸引并且彼此都能感觉到的才可能发展为恋爱关系。我们常常会被一些现实生活中不认识的人所吸引，比如网络红人或电影明星，这就叫做喜欢。以这种方式被某人吸引是一种愉快的经历。你可以把它看作是爱情和恋爱关系的入门。这是一种感受强烈情感的安全方式。这意味着当在现实生活中我们遇到真正喜欢的人时，我们会熟悉那种被吸引的感觉。这可以帮助我们在了解他们的过程中放松下来，看看他们是否也有同样的感觉。

我们要意识到，想要让爱成为现实，我们首先必须了解那个人，看看对方是否有同样的感觉。

喜欢是可以反反复复的，这是完全正常的。它是一种与真实生活中的浪漫情感相联系的有趣而安全的入门体验。只有当人们感到与对方的现存关系破裂时，问题才会出现——喜欢变成了痛苦和悲伤的来源。如果发生这种情况，可以向我们信任的人倾诉或写日记，这都会帮助我们梳理自己的感受，这样才可以展望未来，和一个与我们有同样感情的人开启一段真实的关系。

但即使我们建立了一段真实的关系，也不能保证这种吸引力会变成爱情。爱情可能是我们在书中读到的，在电影和电视上看到的，但它不一定是最终目标。实际上，当我们和某人在一起时，真正重要的是彼此之间相互尊重与体谅。这样，无论爱情是在相处中日渐浓烈，还是逐渐消退——甚至在我们表白时即被拒绝——他日回首往事时，我们都知道在这段感情里我们都已经拼尽了全力。

注意

　　恋爱并不会让我们比单身的人更完整。当身边的朋友开始约会时，我们很容易感到焦虑，但在我们遇上对的人并一起找到幸福之前，我们应当对单身的状态感到自在。其实，任何时候我们都不需要急着谈恋爱。有些人在没有男女朋友的情况下也能把日子过得很精彩。

当我们确实被某人吸引并准备好采取行动时，这里提供一些积极的方式去应对感情上的波折：

首先要去了解对方。人们常常担心第一次约会失败，这可能会带来压力。不如从了解对方开始，向对方表现出兴趣，或者先交个朋友，看看他们的反应。

彼此放松。我们和对方相处的时间越长，就越容易做自己。这有利于顺利约会或建立恋爱关系。

沟通很重要。在任何一段关系中，我们都需要始终对彼此敞开心扉。重要的是，要怀着尊重的态度分享自己的感受、希望和担忧。这意味着我们既要倾听也要交流，要学会应对挑战，及时与对方交流沟通。

彼此尊重。在任何关系中，我们都有权利决定自己想做什么，不想做什么，我们也可以随时改变自己的想法。你处在一段关系之中，并不意味着你为了取悦对方而做任何让你感到不舒服的事情，或者感到压力，反之亦然。我们也不应该假

设我们的对象也会同意为我们做任何事情——例如，有人可能不想被亲吻或被问及私人问题，无论是当面还是在网上。记住，沟通和尊重才是关键。

拒绝羞耻。不是所有的感情都能天长地久。它们可能会慢慢磨灭，或者对方无法回馈以同样的感情。但对此我们完全不需要感到羞耻或尴尬。对待感情，要试着保持冷静、理智与谨慎。

分手并非易事。无论我们是想主动分手，还是接受分手的决定，我们都得应对爱情带来的负面影响。但有些感情注定不会长久，而且你永远不知道谁在不远的拐角处等着你。更重要的是，如果我们处理得当，那我们就会在这段经历中成长得更强大。

爱的"救生圈"。一段关系的结束可能会引发强烈的情绪。无论我们有什么感受，即使这种感觉似乎难以忍受，也是完全正常的。别把它憋在心里。向家人或朋友倾诉，让他们知道发生了什么。伤痛会持续一段时间，但时间是良药，

会让我们接受这一切都结束的事

实——而这会让我们更懂得该如何处理未来将产

生的关系。

关于有害关系的说明

有时我们和某人在一起，却发现对方完全不为我

们着想。他们可能会将自己的难题带到关系之中，或

者不给予我们应得的尊重。即使和对方在一起并不让

我们感觉良好，但我们还是对那个人产生了感情，那

么情况就会变得复杂。我们会感到自己陷入绝境了，

或者十分害怕——如果我们试图分手可能会发生可怕

的事情。

这就是所谓的有害关系。对于困在有害关系中的

人来说，这可能会给他们的心理带来负担，有时甚至

会危及他们的身体安全。

在任何情况下，我们都有权利让自己平安快乐。

这可以通过寻求帮助来达成。在家人或负责任的成

年人的支持下，处于有害关系中的人可以制订一个计划，把自己的安全放在第一位，结束这段有害关系，让自己有机会继续寻找应得的幸福。

攸佳宁暖心语录：

就像月亮吸引着潮汐，感情中出现起起落落是一件很正常的事情。但是，要注意把自己放在第一位哦，关爱自己，接纳自己。

悦纳自己，
方可大放异彩。

13

社交媒体的
正确使用指南

社交媒体能够让我们与更广阔的世界联系，远远超出了我们在现实生活的社交圈，网络世界是一个巨大的社区。社交软件很吸引人，但大多数平台都需要用户达到一定年龄才允许注册，这是为了保护未成年人免受网络带来的风险。即使我们达到法定年龄了，为了心理健康和人身安全，我们同样需要谨慎小心地对待社交媒体。我们要先学习平台的规则，并且在注册之前告知一个值得信任的成年人。

在电视台工作一段时间后，我发现自己成了虚拟聚光灯下的人。在网上，人们谈论我的方方面面，有好有坏，但这些说法都是放到面对面交流时我们可能会再三考虑后才说出口的。而网络喷子们总是乐此不疲地说着各种伤人的话，这让我觉得自己是被公众消费的商品。这次经历让我很震惊，我需要时间来调整和适应，把它变成一种积极的力量。

所以，作为一个曾经的网络名人，我认为，为了让社交媒体成为我们生活中健康而有益的一部分，我们需要考虑以下几点。

恶意评论者

☆ 社交媒体让我们有可能接触在现实生活中不可能遇到的人。

☆ 在我们保持谨慎并尊重他人的前提下，社交媒体可以成为一种有用的沟通工具，并激发出我们所有人好的一面。

☆ 但是，我们在网上分享的任何信息都可能被利用，反过来攻击我们。不加思考地发表意见或评论，可能会引来我们无法控制的言论。在网上发帖，我们会留下数字足迹，由于任何人都可以回溯我们的社交媒体历史——这意味着一个粗心的帖子或评论可能会带来困扰。

☆ 除了要对自己的言论负责，我们还需要意识到，任何社交媒体都可能使我们成为不受欢迎的关注对象，甚至成为被辱骂的目标。我们在网上遇到或交谈的人不一定都表现出真实的自己，他们的意图也可能与我们想象的不同。在网上可能会发生诱骗事件，这是指一个成年人在网络上与青少年建立关系，继而操纵、虐待或利用他们。这些成年人通常会使用与青少年相同的网站、游戏和应用程序——他们可能会创建一个虚假的在线个人资料，假装自己比实际年龄更小。他们也可能采用各种策略，如赠送礼物，假意关怀青少年以赢得他们的信任。这是非法的，我们必须立刻报告给可以信任的成年人。

☆ 我们不应该把个人信息泄露给其他人，除非对方是我们信任的人。此外，我们也不应该在任何网站上发布个人信息——比如电话号码或地址，因为这些信息可以被任何人找到，如果我们的个人资料设置为"公开"就更是如此。

☆ 禁言、屏蔽和举报都是我们可以用来避免看到某

些评论的方式，性质严重的帖子我们可以举报。这样做虽然不能让我们完全避免伤害，但能让我们对自己看到的东西有一定的控制。

最后，网络生活并不能取代现实世界中建立的关系。在很多时候，网络并不是现实的映射。毕竟，在网络上大家能够有取舍地挑选分享的内容。把它想象成一个高光时刻的记录可能会有所帮助——大家一般不会在不开心或情绪低落的时候上传照片或视频。他们甚至还会用数不尽的滤镜和软件来编辑照片和视频，以一个最佳的角度展现自己。如果在使用社交媒体时能提醒自己注意这一点，我们就不会反过来审视自己的生活，觉得自己处处不如别人。

让我们来聊聊点赞这件事

社交媒体有时像是一场大型的人气竞赛。我们的个人资料显示我们关注了谁以及谁关注了我们，而我们帖子的价值通常是通过点赞和分享的数量来衡量的。这让我们很容易不自觉地与他人进行比较，感觉自己不如别人。一些研究还表明，我们可能会对收到"赞"的兴奋感上瘾，因为点赞出现的"爱心"或者"大拇指"都会刺激我们大脑的奖励区域。因此，当我们的帖子被点赞时，我们就会更难以自拔地根据点赞数来衡量自己了。

当谈到哪些帖子和个人简介最受欢迎的时候，请记住，这些都是由一种被称为"算法"的聪明计算机代码决定的。算法可能有助于社交媒体平台建立受众群体，但它也可能让许多用户感到被边缘化或

被忽视。

最关键的是我们要时刻提醒自己，网上的点赞并不能反映我们在现实世界中建立的联系，而现实世界中的联系才是真正重要的。我们都知道，拥有一两个可以依靠的亲密好友比成为数百个陌生网友所熟悉的面孔更有意义。希望我们所有人都能关注到这个事实：我们的现实生活可以提供很多实质的东西，让上网成为一种有价值的体验，而不要以为这就是生活的全部。

永远不要嫉妒或羡慕社交媒体所创造的假象。

注意

　　以下是如何明智地使用社交媒体，以及如何将其转化为一种积极力量的方法：

设定时限。 对我们花在社交媒体上的时间保持警醒，如果花了太多时间，就要适当减少。没有什么能代替与喜欢和尊重我们的人一起度过的线下美好时光。

打字前要三思。 分享文字和图片可能会造成一定影响。最简单的方法是首先问自己，在面对面的情况下，我们是否会做同样的事情。

友善待人。 在社交媒体上我们要对自己的言论负责，而友善待人是最简便的方法。简而言之，永远不要发布任何冒犯别人或不当的内容，或者以损害他人为代价发布恶趣味的内容。如果我们能以此约束自己，审视我们网上分享的信息，网络世界就能成为一个充满关爱和创造力，并为我们赋能的地方。

小心为上。有些人觉得将个人资料设置为私密状态更安全、更舒适，这样只有他们认识的家人和朋友才能与他们互动。避免在网络上犯险，比如对随意分享个人信息要采取谨慎的态度。如果有不认识的人主动联系你，谨记他们是陌生人。我们永远不应该透露任何可能会危及在现实世界中个人安全的信息。这是一种很小很简单的预防措施，但它可以让你在上网时更加安心。

直面你遇到的任何问题。如果社交媒体的使用成为你烦恼、焦虑甚至痛苦的根源，一定要告诉那些关心你的人。无论是发现自己成了网络喷子的攻击对象（他们的目的是让你感觉自己很糟糕或者丢脸），还是觉得自己不受欢迎，通过寻求帮助，每个问题都可以得到改善。

离开社交媒体休息一下。暂时离开电子屏幕，与现实世界重新连接。当我们浏览帖子时，放下手机似乎是很难办到的，但现实是，远离屏幕对我们的心理健康是有好处的。当我们精神焕发地回归网络，我们可以重新专注于网络世界，让它成

为生活中有益的一部分。

线下和线上"救生圈"。 社交媒体既能创造无限
可能，也能造成麻烦。在寻求帮助时，与
我们认识和信任的人保持联系至关重要。
虽然我们从网络能获得很多支持，但将
我们可能建立的任何关系告诉一个对我
们安全负责的成年人总是好的，同时在任何时候
我们都要把自身安全放在第一位。

不要把生活局限在网络之中。走出去，充分享受现实世界。

第三章

迎接更美好的一天

14

无惧失败，
重新扬帆起航

我并不是在一夜之间就战胜了焦虑。在我上学时，我花了一段时间才意识到：实际上没有老师真的讨厌我。我意识到他们希望包括我在内的孩子都能得到最好的教育。那一刻，我就能够制订策略，让自己不再担心最坏的情况发生。我开始学会接受一个事实：无论作业还是考试，只要我尽了最大的努力，那么结果自然会好起来。

　　并不是只有我有这样的经历，我们都面临着心理健康方面的挑战，并经常能够找到自己的方法来应对这些挑战。我们每个人都走在各自的旅途上。好消息是，有大量的练习和活动能帮助我们走出阴霾，而且这些练习与活动可以根据我们的需求和生活方式"量身定制"。

　　所以，在这一部分，我们将学习如何帮助自己。最重要的是，我希望你会发现这部分的学习很有趣。如果我们能以愉快的心情悉心照料自己的心理健康，那么我们就能愉快地享受生活；如果我们能传播这种积极的态度，让其他人受益，就意味着我们每个人都可以在这场心理健康运动中发挥作用。

有些人的做法与你不同，并不意味着你做错了。

考验（让我们更坚强！）

　　有时，我发现自己应对焦虑的信心会时不时地动摇，这发生在我上预科的时候。为了考取高级资格证书（A-Level）①，我拼尽全力却没能考到进入医学院所需的分数。是的，这让我很震惊，也让我非常失望。起初，这感觉就像世界末日到了！我漫无目的地在街头闲逛，想着我生命中所有的机会都化为泡影，

---

　　① 高级资格证书（A-Level）：英国针对16岁及以上学生的学科资格证书。中学毕业的学生需要通过高级资格证书的考试以获得进入英国和世界各地许多其他高等教育机构的认可资格。大多数高等教育机构至少需要3个科目的高级资格证书。

专注当下

面向未来

亚历克斯·
乔治医学院

感觉我成为一名医生的梦想已经破灭。

后来，在父母和老师的帮助下，我意识到我的成绩依旧给了我选择的余地。

所以，我没有绝望，而是决定重考。这意味着我必须在学校复读一年。那年，我不断提醒自己做的是正确的事情，最后我考上了医学院！通过这段经历，我感觉自己在心理上更强大了。我曾面对过失望，并从中得到宝贵的人生经验。没有人喜欢被否定，但通过专注于提升自我，我能够面向未来，而不是沉湎于过去。复读的一年我过得很充实，不仅仅刻苦学习，也会和朋友们一起玩，而这一切都帮助我实现了成为一名医生的梦想。

在生活中，我们的心理健康面临着许多挑战。如果我们要应对挫折、失望或困难，就需要随时处于最佳的心理状态。正如我们在第一部分中讨论的，我们需要照顾好自己的身体，以保持良好的身体素质。我们也应该开始用同样的方式来照顾我们的心理健康！

不要觉得自己有心理问题时，才能够充分使用我即将分享的策略。我们只是讨论用一些简单的方法调整生活方式，让我们把心理健康放在首位。

人生难免有起有落。我们既要享受美好时光，也要准备好应对艰难的时刻。这意味着无论未来如何，我们都能以积极的心态去面对它。通过一些可行的步骤和简单的练习，我希望所有人都将心理健康视为力量的源泉和成功的跳板。让我们开始吧！或者像我喜欢说的，前进吧！

更坚韧一点

当有人能毫不费力就赢得扳手腕比赛，我们会认为他的身体非常强壮。我们可能会想象他很健康，也可能会猜想也许他花了很长时间进行高强度的训练才达到这样的身体状态。

那么，当我们说某人在心理上很坚强时，这又意味着什么呢？首先，我们可以肯定，这和我们的体形和体格无关。我们所说的"韧性"，通常用来描述一个人应对困难或挑战时的能力。事实上，我们都经历过艰难的时刻，面临过巨大的挑战，也在这个过程中犯过很多错误。相信我，我经常碰壁。但没有关系，因为失败能帮助我们学习、提升和成长。比如，拿我最喜欢的一级方程式①赛车手刘易斯·汉密尔顿爵

我将从失败中吸取经验……

① 世界一级方程式锦标赛（FIA Formula 1 World Championship，简称F1），是国际汽车运动联合会（FIA）举办的最高等级的年度系列场地赛车比赛，是当今世界最高水平的赛车比赛，与奥运会、世界杯足球赛并称为"世界三大体育盛事"。

士①作为例子。他在青少年时期经常冲出赛道，无数次撞坏了他的卡丁车。他本可以把这一切都忘掉，然后放弃赛车。但他没有，而是从每一次经历中吸取教训，最终成为有史以来最伟大的F1车手（在我看来是最伟大的！）。这就是心理韧性在起作用。所以当你失败的时候，试着停下来，反思，振作起来，然后重新开始。如果你能做到这一点，你将会变得非常坚韧。

☆ **心理韧性是一种我们所有人都可以通过学习来获得的品质。** 它对我们所有人都适用，也不需要任何经验，太棒了！

☆ **首先要改变我们看待错误和挫折的方式。** 我们说的错误和挫折可能体现在各个方面，考试中拿了令人失望的成绩，无法理解课堂上的新内容，或者因为没有人选校队而感到悲伤。与其放弃，不如把这些经历看作一次学习的机会。

---

① 刘易斯·卡尔·戴维森·汉密尔顿爵士（Sir Lewis Carl Davidson Hamilton）是一位英国一级方程式赛车手，现时效力于梅赛德斯车队，是F1史上第一位黑人车手。

不要害怕重新开始，这次不是从零开始，而是在经验的累积上开始。

☆ **寻找改进的方法。** 心理韧性强的人会好好复习并再次参加考试，请老师或朋友再解释一遍不懂的内容，或者向教练咨询他们需要在哪方面努力才能在下次成功入选校队，然后他们会努力去实现目标。在克服困难的过程中，属于我们的史诗般的主题曲会奏响！

☆ **保持积极的态度。** 即使事情不能马上解决，每一次尝试都会帮助我们提升心理韧性。作为一种生活方式，勇于尝试能够鼓舞我们的信心，帮助我们养成无论面临什么障碍都能积极应对的心态。

承认错误

让我们面对现实吧，没有人是完美的。回顾过往的生活，哪怕只是过去的几天，总有一些事情会让现在的我们觉得当时可以处理得更好。

在学校，我参加过一场辩论赛。作为辩论队的一员，我感到莫大的荣幸。在比赛中，每个成员轮流与对方的一个成员对抗，运用严密的逻辑和演说技巧来赢得辩论。我喜欢这种挑战……我也喜欢赢。然而，在一场特殊的比赛中，我知道对手很强大。事实上，我们很有可能会输。所以，我没有选择竭尽全力，而是选择了退缩。我拒绝参加，找借口说我太忙了，尽管这意味着我会让团队失望。

当我反思这件事时，我意识到我犯了一个错误。我把赢的欲望放在队友之前，这让我感觉很糟糕。后来，我向团队所有人以及我的老师道歉，并发誓再也不会犯同样的错误。现在，如果我被要求做一些不保证能成功的事情，我也会加倍努力，尽量做到最好。无论结果如何，经验告诉我，这就是正确的做法。

　　有时，我们犯的错误是小问题。但还有一些时候，我们可能会让自己陷入一种伤害他人的行为模式。霸凌就是一个很好的例子，如果近30%的年轻人报告说自己是霸凌的受害者，那就意味着有很多人都在某种程度上需要对此负责任。对一些人来说，这可能是一个让自己不太舒服的事实，但在很多情况下，我们甚至不会停下来想一下，自己的行为是否让别人感到羞辱或不安。事实上，大多数霸凌行为并不是因为有人故意使坏。通常是由于我们没有考虑周到，对同伴忘乎所以，或者不顾别人的感受只考虑自己，让他人感到自己被霸凌。如果我们能停下来想想后果，我毫不怀疑我们都会作出改变。

所以让我们把这一刻看作一个转折点。我们都会犯错，但承认错误并将之转化为个人成长的机会是需要勇气的。下面是一些建议：

☆ **反思行为**。我们要对自己诚实。例如，我们是否和别人一起开某个人的玩笑，让他感到难堪？虽然做起来自己也没很在意，但如果我们停下来考虑那个人可能因此感到尴尬、难堪，甚至痛苦，我们可能就不会这么做了。

☆ **承担责任**。我们很容易会找借口说我们笑是因为其他人都笑了，但只要有一个人做出改变，情况就会有所改善。

☆ **以身作则**。我们都有能力从错误中吸取教训。这取决于我们每个人的意愿。如果我们能首先改变自己，那么其他人很可能会效仿。

☆ **享受心灵的宁静**。从错误中学习的好处在于它让人感觉良好。我们希望自己能变得更好是一件值得自豪的事。这体现了我们谦虚、诚实和积极上进的意愿。

佩佳宁暖心语录：

　　遇到挫折和失败不要灰心，失败不是终结，而是一个新的开始。让我们鼓起勇气，重新扬起风帆，向着成功的方向前进吧！

万一我做不到呢？
但万一我可以呢？

15

激发你的创造力

活跃起来

说到锻炼，人们总觉得这是一件非常辛苦的事情。如果我们正懒洋洋地躺在沙发上，特意起来运动到上气不接下气，肯定会觉得很没意思。这实在可惜，因为我所说的锻炼的真正意思只是行动起来。毕竟，生命在于运动，锻炼并不局限于体育课上的跳跃运动或者天寒地冻时在学校跑步。

我们可以通过非常多的方式让自己变得活跃起来，这远远不止于参加有组织的体育活动。从步行去学校到和同伴一起踢球，或者在舞蹈室疯狂地跳舞（在厨房里，或者在不被人看到的地方跳舞），任何一种充满活力的运动都能帮助我们保持身体健康，而且不仅仅是身体上，积极活跃的生活方式还可以为我们的心理健康带来长久的益处。

☆ **体育活动可以帮助我们保持头脑清醒。**运动能帮助我们缓解压力，还能让我们睡个好觉。

☆ **我们的大脑受益于积极的生活。**我们知道，运动可以促进大脑的血液流动，增强我们的记忆力和注意

动
起来！

力，并有助于我们的脑细胞保持健康。

☆ **积极的活动会触发身体分泌一种叫做内啡肽的激素，这种激素会让人感觉愉快。** 内啡肽能让我们感到情绪良好并放松，我们可以认为这是锻炼身体之后对大脑的奖励。

☆ **积极活跃的生活对心理健康产生积极的影响。** 将运动融入我们的日常生活，无论是随意的闲逛还是激烈的篮球比赛，我们都可以在享受乐趣的同时，照顾好我们的身体和心理健康。

赶快发挥创造力吧

运动不仅仅是为了锻炼我们的肌肉，更是为了锻炼我们的想象力。这就是创造力的意义。我们不一定非要成为一个了不起的艺术家才能展现

身体健康同样有益于心理健康。

创造力——我们总是认为别人会评论我们的作品，无论是一幅画，一个短篇故事还是一段我们剪辑分享的视频。

这样想就太令人遗憾了，因为真正重要的不是最终结果，而是过程。我当然不可能成为毕加索，但我喜欢让我的创意灵感在制作视频或者随手涂鸦的时候任意流动。不用考虑我们的艺术背景和能力如何，只要这件事有趣又有意义，可以让我们感觉良好，那对我们的心理健康来说就是一件好事。有的人渴望学习用吉他弹奏最喜欢的歌曲，有的人想要编一套新的

今天 是……

发挥
创造力吧

舞蹈动作，还有人喜欢把自己的创意和想法写在日记里。任何一个创意的出口，我们都可以尝试。

写日记

写日记是一种很好的激发创造力、发挥想象力和记录想法的方式。

我们可以在日记里记下一周中发生的好事和不太顺利的事，或者记下值得我们感恩的事情。不知道从哪里开始？试着从每天写一句话开始。我们甚至可以每天画一幅画，记录下我们的感受，或者描绘出我们期待的一天。写日记没有固定的格式。我们可以用贴纸、涂鸦、照片、给自己的信或者写给别人的信来创作日记。有些人可能也想把写日记列为日常事务之一。我们可以通过写日记开启新的一天，也可以以日记回顾过去一天。所以不要在意别人会怎么想。我们可以把日记留给自己，尽情享受记录的乐趣——其中有无限的可能！以下内容也许能给我们一些启发……

列出五件能激励或鼓舞你的事情。

什么地方最让你感到平静或快乐？

用最先想到的五个词来描述你自己。然后，再列出五个你希望用来描述自己的词。

你在生活中最感激的是什么？

描述一个让你后悔的选择。你从中学到了什么？

☆ **创造性地表达自己可以改善情绪、减轻压力。**这种方式还可以辅助治疗许多心理健康问题，比如抑郁和焦虑。

☆ **发挥想象力是探索复杂或极具挑战性的情感的好方法。**一些伟大的艺术作品，包括电影、歌曲、视频和游戏，都在探讨关于心碎、抑郁、孤独和愤怒等强烈情感的真相。在许多情况下，创造力可以作为一种释放情绪压力的方式，与此同时让人感到收获满满。

☆ **发挥创造力可以帮助我们认识新朋友。**我们的作品不仅会得到关注，在参与小组项目时，也能加强彼此之间的联系。

创造力可以帮助你保持良好的思维状态。享受它吧！

我最喜欢的音乐和电影

　　当我需要一些创意灵感，或者只是想享受一个独处的美好下午时，我会看一看我喜爱的艺术家的作品，他们富有创造力的作品总能改变我的生活和心情。

　　歌曲和电影对我来说很重要。它们可以让我心情愉悦，让我想要唱歌跳舞，甚至是我困难时期的宽慰。以下这些电影和歌曲让我的世界变得更美好。

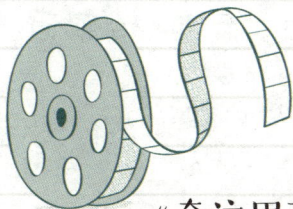
电影
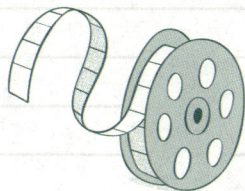

《奇迹男孩》　　　　《马戏之王》

《阿甘正传》

《女孩梦三十》

《儿女一箩筐》　　《摇滚校园》

歌曲

《幸福》——法瑞尔·威廉姆斯

《依赖我》——布鲁诺·马尔斯

《随它去》
　　——《冰雪奇缘》主题曲

《建造一个家》
　　——英国电子氛围乐队

《心潮澎湃》——弗洛·里达

《我会为你守候》——杰斯·格莱茵

《用善意和友好解决问题》
　　——赛琳娜·戈麦斯

　　我们都有个人的喜好和趣味，但如果它能让我们心情舒畅，谁在乎别人的想法呢？试着把所有能给我们的生活带来舒适和阳光的东西列在播放列表、观影清单或者阅读清单上吧。

16

让自己
发光发热

全心投入

正念是一个我们经常听到但并没有真正理解其含义的词。它听起来很不错，但具体指什么呢？当一个人处于正念状态时，意味着他们正专注于当下。他们不会沉湎于过去或担忧将来。相反，他们关注的是当下的环境、想法和感受。更重要的是，无论发生什么，拥有正念的人都会随遇而安，淡然处之。

正念是一种所有人都能达到的平静状态。不需要任何经验，只要稍加练习，它就能成为保持心理健康的终身密钥。

活在当下，而不是为过去或未来而烦恼，正念可以帮助我们应对担心、压力和焦虑等情绪。例如，在等待考试结果公布时，我们很容易感到紧张，甚至失眠。拥有正念的学生会提醒自己：在考试中自己已经尽了最大的努力，并接受让结果反映一切。因此，他们可以自由地专注于当下，寻找到内心的平静与自我认可。

我们可以随时保持正念。一些简单的技巧可以帮助我们度过充满挑战的时刻，甚至可以通过定期练习让正念来帮助自己达到内心的平和。练习正念不受时间和地点的限制，也不会有人注意到，无论是在公园还是在卧室。这不是歌舞表演，而是一种冥想，练习起来会更容易。虽然一开始我们可能会觉得闭上眼睛来理清思路很傻，但它真的能帮助我们平静下来，放缓节奏。

这里我们谈论的是采用一种让事情变得简单的生活理念。

有不同的方法帮助我们来拥抱正念，但这里有一个简单的策略，我觉得很有效：

☆ **关注呼吸。**当我们感到烦恼、焦虑或有压力时，我们的呼吸很容易下意识变得急促起来。通过关注每一次呼吸来重新掌控身体。用鼻子吸气，然后用嘴轻轻地呼出。让空气自然流动，留意呼吸如何带来内心的宁静。

☆ **感受联结。**认真感受身边的环境以及内在的自我。我们应该努力去接纳自己当下的感受。即使是在我们遇到麻烦或感到压力时，学习通过视觉、听觉、

嗅觉、触觉甚至味觉来感受我们周围发生的事情，我们的思绪就会慢慢平静下来。

☆ **接受当下。**通过专注于呼吸，感受自我和周围的世界，我们可以开始学会与自己和平相处。

☆ **放空头脑。**我们练习得越多，就越容易保持正念。这个训练可以让我们的大脑在烦琐嘈杂、压力重重的日常生活中休息片刻。即使我们是在逃避生活中的麻烦，这也意味着我们会以更好的心态来克服困难。

我们有各种各样的方法可以在生活中融入正念。这是为了让我们的心理健康保持一个良好的状态，我很确信这是一项有趣的事情。所以让我们先从写下想法开始吧……

为迎接更美好的明天击掌

这种技巧可以促使我们专注于五种感官（视觉、触觉、听觉、嗅觉和味觉），并利用感官与此时此地联系起来。我们的目标是依次认真感受每一种感觉。然后，花一分钟左右的时间抛开一切，只专注于简单而美妙的感官输人。

☆ **你能看到哪五件东西？**（例如，墙上的时钟、一朵花或一个路人。）

☆ **你能感觉到哪四样东西？**（例如，口袋里的手机或椅子座位。）

☆ **你能听到哪三种声音？**（例如，墙上时钟的滴答声、鸟鸣声，甚至只是呼吸声。）

☆ **你能闻到哪两种味道？**（例如，鲜花、饭菜或洗衣粉清香。）

☆ **你能尝到哪一种味道？**（例如，饼干或果汁。）

为自然交响乐击掌

这是另一个我最爱的技巧。这和击掌相似，但关注点在于自然世界——从树叶的沙沙声到鸟儿展翅的声音，从微风轻抚我们的皮肤到扑鼻而来的新鲜草莓味。这是一种我们在户外可以做的正念练习，它能帮助我们感受内心的踏实与安定。

从冷水淋浴开始一天

这真的很简单，虽然需要一点勇气，但我还是建议大家尝试一下冷水澡！为什么？因为站在冰冷的水里，哪怕只有几秒钟，也会向大脑发送了一个直白的信息——我们需要清醒！

这会触发内啡肽的释放，一种让身体自然产生良好感觉的化学物质。所以，当我们擦干身体，穿好衣服后，我们就会清醒过来，准备好迎接充实的一天。

全身扫描

当我们有很多事情要考虑时，这是一个很好的练习。要做到这一点，我们需要躺下，假装我们的身体正在通过安检扫描仪，从脚开始（可能这听起来有点奇怪，但请继续听我解释）。深呼吸，试着把注意力集中在扫描仪即将通过的身体部位上。首先注意我们的脚——它们是疼痛的、放松的、紧张的还是舒适的？我们的袜子接触皮肤的感觉如何？当我们扭动脚趾时会发生什么？然后，当我们一点点通过扫描仪时，把注意力依次集中在脚踝上，接着是腿，臀部，腹部，手臂，最后是头部。慢慢来，切实感受身体的每个部位。这样做让我们关注当下，和自己建立深度联结。而且，这真的很放松！

为心灵奏乐

　　我喜欢听音乐。当谈到心理健康时，音乐就像一种天然疗法。当然，我们可以在任何时候聆听美妙的音乐，各种情绪和场合都会有适配的音乐。我会时不时地空出一些时间留给自己，戴上耳机，播放让我最放松的音乐，这对我真的很有帮助。接着我会坐下来，闭上眼睛，慢慢地深呼吸。无论我的生活发生了什么，音乐总能把我带到一个专属于自己的平静而积极的空间。

正因为正念练习非常灵活，我们可以根据自己的情况进行调整。一旦我们掌握了基本技巧，知道如何专注于感官，我们就可以在任何时间、任何地点调整自己的心理状态——无论是懒洋洋地躺在沙发上，还是气喘吁吁地跑着赶公交。

睡眠

睡眠对我们的身心健康起着至关重要的作用，让我们的身体得到休息、恢复并醒来为第二天做好准备。下面有一些建议可以让你睡个好觉，并帮助你找到适合你的睡眠规律。

如何养成睡眠规律

1. 努力睡够8到10个小时。这虽然因人而异，但每晚睡6到9个小时对身心都有好处。

2. 做睡前准备！如果睡觉前没有一点放松的时间，我定会很难入睡，所以我尽量在睡前一个小时左右放松一下。我会读一本书，或者泡个热水澡。这意味着当我钻进被窝时，我已经准备好闭上眼睛了。我们都有不同的睡前习惯，而这可以成为我们在结束一天之前最期待的一件事情。

3．收起手机。手机发出的蓝光会扰乱我们的睡眠，所以睡前把手机收起来很重要。

4．每天按时睡觉和起床。我们的自然生物钟会在日常生活习惯中稳定下来。当我们遵循生物钟的指引，会在疲惫时上床睡觉，用一整晚恢复精力，然后神清气爽地起床，开启新的一天。

养成习惯就像扎下根，让我们不断成长。

善待自己，也善待别人——发光发热

到此我们已经讨论了如何提升心理韧性，变得活跃积极，保持正念和建立睡眠节律。为了创造更美好的明天，还要考虑其他的关键因素。

我们过着忙碌的生活，每天都要面对各种压力，担心会发生我们无法控制，甚至会把我们压垮的事情。因此，照顾好自己，恢复精力，保持前进是很重要的。我经常在日记本上安排一些自我放松的时间，并制订一个值得期待的日程表。可以在一个慵懒的早晨，什么都不做，让自己放松一下，或者

永远保持友善，因为你无法知道别人正在经历些什么。

尝试一种新的爱好，或者和朋友一起看电影——任何能帮助我们放松的事情，都能让我们好好休息。

没有人是一座孤岛。虽然照顾好自己很重要，但我们也需要尽最大努力照顾好别人——无论是友善慷慨地对待我们的朋友和家人，还是认真倾听别人遇到的困难，借个肩膀给他们依靠。甚至我们可以试着在更广泛的社群里做更好的自己，比如为别人开门或在公共汽车上让座。小善举不会为我们赢得任何奖牌，但可以影响我们对自己的看法，以及对自己在世界上所处位置的看法。我们可以在生活中采取积极的态度。记住，善良同样可以激励别人成为更好的自己，并发光发热。

做佳宁暖心语录：
    我们的奇妙之旅即将结束啦，希望你能够带着我们的宝典，拥抱更好的自己，创造更美好的明天，给成长加点甜！

结语

继续发光

在我的理想世界里，我们所有人都能保持心理健康，过上最好的生活。这并不意味着每个人都会永远微笑、没有烦恼。在某些方面，棘手的情绪、挫折和挑战是我们生活的一部分。

重要的是我们要准备好应对生活中遇到的任何困难，这样我们才能变得更强大。

在这本书中，我们探讨了如何塑造一种更积极的思维方式。我们了解到从提升心理韧性、建立日常习惯到努力与朋友和家人相处，这一切都能让我们心情愉悦，并为我们的世界做出有意义的贡献。

有了我们的"救生圈"，我们有能力解决任何心理健康问题，并在需要时寻求帮助。即使我们现在感觉很好，掌握这些工具也是必要的。也许有一天我们会感谢自己，或者在帮助别人的时候发现这些工具很有用。

我们还学习了一些可以在任何时间地点进行的神奇正念练习！从呼吸技巧到写日记、涂鸦，或者只是

在我们忙碌的生活中创造一个宁静平和的时刻，我们可以试着把这些练习融入日常生活中。正念的伟大之处在于我们可以独自探索，这可能适合很多人。也有时候，正念是把我们所有人聚集在一起的一种绝妙的方式……

我有一个好主意！

　　我们都想过最好的生活，对吧？学校一年一度的运动会是开展运动和强身健体的盛典。不仅有趣，还能让每个人都参与进来。如果我们能在学校发起一个"心理健康运动日"，那不是很棒吗？把它想象成一个为心灵而设的运动日，大家聚在一起度过美好的时光，每个人都对自己感到满意。大家都愿意参与吗？让我们争取老师们的支持，开启一场积极的心理健康运动！

给 成 长 加 点 甜

心 理 健 康

运 动 日

☆ **解释心理健康的好处。** 我们已经了解自己的心灵，知道该如何处理自己的想法和情感。我们可以与老师们分享并争取他们的支持。

☆ **开展一次班会。** 我们需要证明心理健康练习可以帮助人们获得平静和积极的心态。所以，让我们从一些小事开始，展示一下它能在课堂上产生多大的影响。

☆ **将它介绍给校领导。** 课堂上心理健康活动顺利开展之后，便是采取更大行动的时候了。找一个时机，和年级主任或校长谈谈。然后，列出心理健康运动日的好处。准备好回答任何问题，从根本上激励他们支持这项活动。

☆ **策划活动。** 在这个阶段我们可以策划一个帮助我们与心灵连接沟通的活动，比如"正念马拉松"或"速写冲刺"。将我们在书里谈论过的所有绝妙想法转化成小组活动（或心灵运动）。这些是让我们保持创造力的事情，享受整个过程，为努力改变、创造美好而感到自豪吧。

☆ **每个人都是赢家。** 心理健康运动日最好的地方在于每个人都可以参加。这个运动日无关身体素质或去争夺第一名，而是庆贺获得内心平静的一次活动。这对每个人都是很有用的，包括我和你。

与心理健康做朋友

幸运的是，近年来，我们对心理健康的看法发生了很大变化。我们不再单单从问题的角度来看待它。我们知道，当头脑中想象的杠杆阻止我们感受自我时，生活可能会出现很多挑战，但心理健康也是一种值得庆贺和赞美的状态。今天，我们谈论的是心理健康，这是一种积极的心态，有助于让我们的生活焕发光彩。

因此，读到这本书的结尾处，我希望我们都能重新思考自己与内心的关系。警惕那些可能影响我们心理健康的问题和挑战。毕竟，知识就是力量。这意味着我们对担忧、焦虑、抑郁、孤独、悲伤和绝望等情绪了解得越多，我们就越能辨认出这些问题将会发生

的迹象，并尽早采取行动做好充分的准备。带上我们的"救生圈"，我们就可以对美好的明天抱以期待。为什么呢？因为我们知道自己将随时获得帮助和支持，我们也知道该如何获取这些助力。

不要忘记停下来歇一歇。

环顾四周，感谢自己已经走了这么远。

让我们致力于保持良好的心理健康状态，就像我们为身体所做的那样。运动可以帮助我们保持身体健康，它本身也很有趣，对生活非常有益。

我们可以用同样的方法来对待我们的心灵。只需要多关注内心感受，并将其作为我们日常生活的一部分就可以了。事实上，保持心理健康就像刷牙一样简单……

好吧，每天刷两次牙是我们都要学会的，我们必须承认清洁牙齿这个简单的行为会带来持久的好处。只需要想象一个微笑，这是地球上所有人类都能自由使用的与生俱来的表情。它可以照亮一个房间，让别人放松下来，或者引起其他人的笑声并带来欢乐。微笑是一种能够帮助我们感受到与其他人的联结的宝贵工具。

如果我们不爱护自己的牙齿，我们也就不愿意展示它们。我们会忍住微笑，或者用手遮掩。简而言之，我们无法自在地做自己。怎么办呢？让牙齿健康成为日常生活的一部分，定期进行口腔检查或者在发现问题的第一时刻去看牙医，这样我们就可以随心所欲地自信微笑，继续我们的生活。

　　照顾我们的心理健康实际上可以和照顾身体健康一样简单。这意味着我们要学会把关注自己的感受作为日常生活的一部分，并在问题出现之前寻求帮助。如果我们能意识到这样一个事实：我们的心灵就会像我们的身体健康一样。只需要一点点定期照顾和关注就能焕发光彩，那么美好明天就不仅仅是我们的愿景了，它可以成为现实。

我 ♥ 爱 自己。

自助指南

全国心理援助热线：

"希望24小时"全国生命危机干预热线：4001619995

全国免费心理危机干预热线：800-810-1117；010-82951332（24小时）

全国青少年心理咨询热线：12355

全国妇女儿童心理咨询热线：12338

全国心理卫生热线：12320

中国青年报"青春热线"：010-64015039、64032233转2440（6：30-9：30）

区域心理援助热线：

华北地区

☆ 北京

回龙观医院心理危机干预热线：010-82951332（24小时）

北京青少年心理与法律服务热线：010-12355转3

（9:00—17:00）

启明灯—中国科学院大学心理援助热线：400-6525-580（24小时）

清华幸福公益常态化心理热线：400-0100-525（10:00—22:00）

✩ 天津

天津市心理援助热线：022-88188858

天津大学心理健康教育中心心理援助热线：400-100-1895

✩ 河北

河北省心理援助热线：0312-96312 （24小时）

保定市妇联心理援助热线：0312-3039113

✩ 内蒙古自治区

内蒙古自治区心理援助热线：0471-12320转5（24小时）

华东地区

✩ 上海

上海市心理卫生热线：021-12320-5

上海心理援助中心自杀干预热线：400-1619995

上海市心理热线：962525

上海青艾心理关怀热线：4006910694

上海市心理卫生热线：021-12320-5

✫ 浙江

杭州市危机干预中心：0571-8502-9595

"希望24小时"公益危机干预热线：400-1619995

温州医科大学附属康宁医院危机干预热线：400-800-9585（24小时）

✫ 江苏

江苏省心理危机干预热线：025-83712977；025-12320转5（24小时）

南京市中小学生心理援助中心：025-96111（24小时）；QQ：130296111

南京脑科医院心理危机干预热线：025-83712977（24小时）

南京宣传部公益心理咨询热线：025-96889910（18：30-21：30）

✪ 山东

山东省精神卫生中心心理援助热线：0531－86336666（19：00－21：00）

青岛精神卫生中心心理咨询中心：0532－85669120

华中地区

✪ 湖北

湖北省社会心理学会心理援助热线：027－87832211

武汉市精神卫生中心：027－8584－4666（9：00－21：00）；027－12320－1－2

教育部华中师范大学心理援助热线：40009678920；010－67440033；027－59427263（18：30－22：30）

武汉心理辅导咨询热线：027－87399905（18：30－21：00）

鄂州市精神卫生中心：0711－3353090

襄阳市心理援助热线：0710－3810121（8：00－21：00）

宜昌市心理援助热线：0717-6499111（8:00-21:00）

✫ 湖南

湖南省精神医学中心心理热线：0731-85292999

湖南省公共卫生公益电话服务热线：0731-12320

湖南省《法制周报》心理危机干预中心：0731-4839110

长沙市心理援助热线：0731-85501010（8:00-20:00，非工作日除外）

✫ 河南

河南省心理援助热线：0373-7095888

南阳市精神卫生中心咨询热线：0377-12355（24小时）

华南地区

✫ 广东

广州市心理危机干预中心心理援助热线：020-81899120，12355（8:00-20:00）

广州市心理危机干预中心热线（24小时，紧急时

使用）：020-81899120

华南师范大学心理学院"心晴热线"：18011959205，15626197578（9:00-21:00）

广州市未成年人心理咨询与援助中心：

(1)电话咨询：86335333（9:00-12:00及14:00-17:00）

(2)视频咨询：关注微信号"GZ86237200"找到"心理咨询"菜单，点击"咨询预约"填写资料进行预约

深圳市危机干预中心：400-995-995-9

深圳市市民情感护理中心：0755-88851085

深圳市心理危机研究中心：0755-25629459

汕头市24小时心理援助热线：0754-87271333

珠海市心理援助热线：0756-8120120

☆ 广西壮族自治区

广西心理援助热线：0772-3136120（8:00-22:00）

南宁心理援助热线：0771-3290001（8:00-22:00）

东北地区

☆ 吉林

吉林省神经精神病医院心理援助热线：0434-5019512；0434-5079510（8:00-22:00）

长春市第六医院危机干预中心：0431-8968-5000；0431-8968-5333；0431-12320转6

☆ 辽宁

辽宁省心理援助热线：024-7383706；12320-3（8:00-17:00）

辽宁省精神卫生中心心理援助热线：024-73377120；96687

大连市心理援助热线：0411-84689595

沈阳市心理援助热线：024-23813000

西南地区

☆ 四川

四川省危机干预中心：028-8757-7510；028-8752-8604；028-96008；028-8757-8604

绵阳市24小时公益心理援助热线：0816-

2268885；0816-2424666

四川省心理援助热线：96111

成都市第四人民医院：028-87577510

☆ 重庆

重庆市心理援助热线：023-96320-1

西南大学心理援助热线：023-68367770

重庆市精神卫生中心：67530101

☆ 云南

昆明市心理危机研究与干预中心：0871-65011111；0871-12320-5

大理州第二人民医院：0872-2181525（08:30-17:30，非工作日除外）

☆ 西藏自治区

西藏自治区心理咨询热线：0891-12355

西北地区

☆ 陕西

西安市精神卫生中心心理援助热线：400-8960960（24小时）

西安交通大学第一附属医院精神心理科：0298-5324575；1779-2539750

陕西省人民医院心理科：1778-8036369（9：00-22：00）

☆ 青海

青海省心理援助热线：0971-8140371；18997267291

☆ 甘肃

甘肃省第二人民医院心理咨询热线：0931-4925457；0931-4921333（8：30-23：00）

兰州市心理援助热线：0931-4638858；0931-12320-5转1。（9：00-22：00）

兰州市第三人民医院：0931-12320转5

☆ 宁夏回族自治区

宁夏心理援助热线：0951-2160707（24小时）

宁夏大学生心理危机求助热线：4085120（24小时）

☆ 新疆维吾尔自治区

新疆精神卫生中心（乌鲁木齐市第四人民医

院）：0991-3016111（24小时）

新疆石河子市心理援助热线：0993-2851261

（11:00-18:00 周一至周五）

寻求帮助可能会抓到一个"救生圈"。永远不要害怕寻求帮助。

每次搭船或者坐飞机，我们都会被告知在紧急情况下应该怎样应对。我们很有可能永远都不需要把这些程序付诸实践，但这让我们在接下来的旅途中能够保持内心安定。同样的方法也适用于保持良好的心理状态。即使事情进展顺利，没有什么需要担心的，但了解在我们需要支持、帮助或建议时可以向谁求助总是一件好事。

这也意味着当身边的人需要帮助的时候，我们也可以施以援手。

希望读完这本书，你感觉自己已经做好准备，迎接未来的旅程。即使你现在处境困难，但明天也会是更美好的一天。

做自己。
做自己愿意做的事情。
为了你自己。

致谢

写这本书对我来说意义重大。

我真希望自己能在中学时期读到这本书。我觉得它会帮助我更好地应对成长和青春期的挑战。我非常感激能有机会写这本书，我确信它会帮助许多青少年渡过难关，找到更光明的未来。

首先，我必须对鹪鹩与乌鸦出版社（Wren & Rook）的超级团队表示最衷心的感谢：露丝·沃泰斯、劳拉·霍斯利、卡尔敦·尤瑟夫和维多利亚·沃尔什，以及出色的设计组成员塞缪尔·佩雷特、皮皮·格兰瑟姆·赖特和凯特·斯莱克。

马特·怀曼帮助我把想法变成了现实。谢谢马特，感谢你适当地修改、润色我的语句，让这本书变得更生动。也非常感谢菲兹哈蒙德，他的插图让这本书如虎添翼。

这些了不起的人为这本书付出了很多，我很清楚，这个团队看到了这本书的重要性，也看到了我们

有机会改善年轻读者的生活。毫无疑问，每个人都一直在为此坚持和付出，我为我们一起做的一切感到骄傲。

卡莉·库克和哈利·格伦维尔，我了不起的朋友和经理们，你们又成功了！在最艰难的时候，我们齐心协力完成了这本书。你们有着不屈不挠的力量，我一直很感激我们之间的关系——我们远不止是工作关系。哈利，我知道这本书于你而言有着特殊意义；我们一起为心理健康运动付出了这么多努力，我了解这本书对你意味着什么。你就像是我的姐姐，我不知道没有你我该怎么办，谢谢你！我还必须表达我对爱丽丝·罗素衷心的感谢——你一直是一只稳重的指引之手，带领着我走过坎坷，走向顺利；我非常感谢你，也为我们未来的一切感到兴奋。

自从《过好每一天》（*Live Well Every Day*）发行以来，我们有一些新的团队成员加入。艾比，我从容不迫的助手，你真的改变了我的生活。自从你加入团队，一切变得井井有条，为我的内心注入新鲜能量，让我在日常事务中开怀大笑。你是一个特别的人。霍

莉，你在一个充满挑战的时刻出现，带着一种我非常需要的冷静和自信。你的职业信念和对我们事业的热情一直都是一股不屈不挠的力量。你也是最善良的人之一——请更加信任你自己。

艾略特，我的孩子，我比以往任何时候都更喜欢和你亲近。你让我保持清醒，让我的心更加坚强，谢谢你！爸爸妈妈，你们是了不起的父母，身为你们的儿子我感到很自豪，永远不要忘记这一点。虽然有些伤心事永远无法消逝，但我们还有那么多值得骄傲的事情和那么多可以分享的快乐。妈妈，你为"精神健康编织"项目筹集了这么多钱，将整个社区紧密联结，也将改变全国各地人们的生活。我们必须永远记住，即使我们只帮助了一个人，我们也已经尽了自己的一分力量。我爱你们。

我必须花一点时间感谢过去几年来一直支持我的朋友。亚当和艾玛，你们对我来说太不可思议了，你们是如此神奇的一对夫妻。亚兹，你的话语和理智拯救了我无数次，我永远不会忘记。你邀请我做你那即将到来的小生命的教父，我很高兴也很荣幸。我会尽

我最大的努力。汤姆，你总能让我振作起来。我们放声大笑，也会开玩笑，幽默一度成为我的生活补品。萨姆，三十年过去了，我们的友谊依旧深厚无比——谢谢你，让我们一起度过更多的美好时光。

随着我进入三十岁，我比以往任何时候都更深刻地意识到我们必须拥抱生命，把每一天都看作一份礼物。和你爱的和信任的人在一起。当我们离开时，他们将会是想念我们的人。迄今为止所有曾在我的生命中留下印记的人，无论是否在这里直接提到，我都要感谢你们。

我以这句话开始了这本书，我也将以这句话结束它：

"生活有时会让我们陷入深渊，然而，在家人和朋友的帮助下，我们可以勇攀看似最不可征服的险峰。"